Dr SOPHIE MA

L'ANXIÉTÉ *sans complexe*

TROUVER LE CALME ICI ET MAINTENANT

cardinal

L'anxiété sans complexe
Trouver le calme ici et maintenant
Dr Sophie Maffolini

Textes : Dr Sophie Maffolini
Photographies : Marï Photographe, à l'exception de la page 216 (Felix Faria)
Direction artistique : Catherine Guilbault
Édition : Joëlle Landry
Révision : Muriel Steenhoudt
Correction d'épreuves : Vincent Fortier

Coordination : Mathilde Bessière
Direction de la production : Jeannie Gravel
Direction éditoriale : Emilie Villeneuve
Direction générale : Antoine Ross Trempe

Publié par :
Les Éditions Cardinal
7240, rue Saint-Hubert
Montréal (Québec) H2R 2N1
editions-cardinal.ca

Dépôt légal : 2e trimestre 2020
Bibliothèque et Archives nationales du Québec
Bibliothèque et Archives Canada
ISBN : 978-2-924646-88-5

Financé par le gouvernement du Canada
Funded by the Government of Canada

Nous reconnaissons avoir reçu l'aide financière du gouvernement du Québec – Crédit d'impôt remboursable pour l'édition de livres et Programme d'aide à l'édition et à la promotion – SODEC.

ISBN : 978-2-924646-88-5

Imprimé au Canada

VOTRE CHEMINEMENT

À vous, qui avez
le courage d'entrer dans
les profondeurs de votre être
pour trouver les réponses...
et le calme.

La médecine est en vous.

J'avais 15 ans. J'adorais le baseball, je m'habillais années 70, j'enroulais mes cheveux encore mouillés pour qu'ils forment des boudins en séchant. Et à l'intérieur, je souffrais.

Ça faisait au moins six ans que je consacrais plusieurs heures par jour à faire des rituels, pour m'aider à réduire l'anxiété que je vivais: c'étaient des règles mentales que j'avais développées pour me « protéger ».

Je passais des heures à caresser la photo funéraire de mon grand-père. À tirer la toile devant ma fenêtre en comptant «1, 2, 3» sans voir un éclair de feu dans ma tête, ou la maison allait prendre feu durant mon sommeil. À compter «1, 2, 3» en fermant le cadenas de mon casier à l'école, sans quoi j'allais obtenir une mauvaise note à mon examen.

Ma vie entière reposait sur des rituels de ce genre, toujours plus nombreux, toujours plus créatifs, et me causant toujours plus de détresse. Je savais que cela n'avait aucun sens, mais c'était plus fort que moi.

Une nuit, je m'étais couchée dans le passage en haut de l'escalier, en cachette, pendant que mon père mangeait ses chips Ruffles Original dans un bol métallique géant.

Depuis qu'on m'avait traitée de «malade mentale» devant toute la classe, je n'avais plus d'amis. En guise de refuge, j'avais décidé de peindre un temple de la renommée des Expos dans ma garde-robe (je rêvais secrètement d'être le médecin de Vladimir Guerrero). Mais ça sentait la peinture dans ma chambre, et j'étais convaincue que ça brûlerait mes neurones. Je m'étais donc couchée dans le passage, sur le plancher de bois franc, avec ma douillette et mon oreiller.

Au milieu de la nuit, quand mon père est monté et qu'il m'a trouvée couchée en boule au sommet de l'escalier, il était désemparé et s'est mis à crier. Je comprends mieux sa réaction aujourd'hui, car je sais combien c'est difficile de voir un proche souffrir.

Cette nuit-là a été déterminante, car elle m'a obligée à faire un choix: continuer de souffrir, ou demander de l'aide.

Le lendemain, du haut de mes 15 ans, rongée par la honte, je franchissais la porte de l'aile psychiatrique de l'hôpital. C'était le premier pas vers la guérison. Car oui, c'est possible de guérir, et il n'y a aucune honte à consulter un spécialiste. Au contraire, c'est bénéfique.

C'est là que j'ai rencontré un psychologue qui m'a proposé un plan de match: «Chaque semaine, on va se voir et on va régler un de tes rituels.» J'ai aimé son idée. Ça m'a motivée, j'ai senti que c'était possible.

Puis j'ai rencontré une psychiatre qui m'a posé deux questions. « As-tu des idées noires ? » « Hein ? Non ! » À l'époque, je ne savais pas encore c'était quoi, le suicide. « Veux-tu prendre de la médication ? » « Non, pas du tout ! »

Pendant un an, toutes les semaines, j'ai donc rencontré mon psychologue aussi barbu que bienveillant. Il avait des yeux doux, un regard compréhensif, et il m'aidait à accueillir l'anxiété sans l'éviter systématiquement par les rituels que mon cerveau avait inventés.

On a commencé par le plus petit rituel, celui du cadenas. Et on a travaillé jusqu'au moment d'affronter mon rituel le plus lourd, celui de la toile que je devais abaisser sans voir un éclair de feu...

Un an après avoir amorcé ma psychothérapie, j'avais 16 ans, je vouais un amour aux vêtements hippies de ma mère, qu'elle avait gardés « au cas où elle aurait une fille », et j'avais raffiné mes goûts en matière de stylisme capillaire. Mais surtout, j'étais enfin guérie d'un trouble obsessionnel-compulsif. Complètement guérie. Même si on m'avait toujours dit qu'on « guérit seulement à 99 % ».

Je trouvais ça tellement ridicule. Pourquoi, juste à 99 % ? Qui a décidé ça ? Je n'ai plus d'obsessions. Je n'ai plus de rituels. Je suis guérie à 100 %.

Cette certitude, ce n'était pas une autre obsession. C'était un choix que j'avais fait, à 16 ans, dans ma tête et dans mon cœur. Le choix d'être guérie, plutôt que de garder, pour la vie, le 1% d'étiquette de TOC collée à moi.

Cette année-là, j'ai compris que j'avais en moi les outils pour guérir. Qu'en tant qu'être humain, on a tous en soi des outils puissants. J'ai aussi compris que de la souffrance pouvait émerger une beauté collatérale. La souffrance m'a appris l'empathie. Et elle m'a donné foi en ma capacité d'autoguérison.

Devenir médecin était un rêve d'enfant. À l'époque, je m'étais dit que je deviendrais un médecin « différent ». Je réalise aujourd'hui que le choix que j'ai fait à 15 ans, celui de développer des outils intérieurs pour guérir, plutôt que de prendre des médicaments, a forgé ma croyance profonde quant aux pouvoirs que possède l'être humain.

Ce pouvoir est là, en vous.

MA LETTRE POUR VOUS

Bienvenue dans l'aventure de *L'anxiété sans complexe*, un voyage au cœur de soi pour se décomplexer face à l'anxiété, cette émotion mal-aimée qui nous touche tous un peu, beaucoup et parfois à la folie. Je comprends sincèrement ce que traversent tous ceux et celles qui en souffrent, car j'en ai connu moi-même presque toutes les nuances, de l'enfance à l'âge adulte.

C'est moi, Sophie! Je suis médecin de famille dans un petit village inuit du Grand Nord québécois depuis plus de six ans. Je suis également l'auteure du bestseller *Méditer sans complexe* et fière marraine de la Mindful Mafia, une organisation pour la paix intérieure dont la mission est d'aider les êtres humains par la méditation de pleine conscience (*mindfulness*).

J'ai fait un doctorat sur l'anxiété... et ce n'était pas à l'université! Quand je vous dis que je comprends ce que vous ressentez, c'est parce que je le comprends vraiment. Après plusieurs années de souffrance, je suis heureuse d'avoir développé une relation amicale avec l'anxiété. Même si l'anxiété me rend encore visite aujourd'hui – et elle le fera sans doute occasionnellement pendant toute ma vie – j'ai appris à l'accueillir avec douceur et bienveillance, à la côtoyer le temps d'une tasse de thé, puis à la laisser repartir comme elle est arrivée. C'est dans cette valse saine que je souhaite vous inviter.

Depuis la création de la Mindful Mafia, mon programme en ligne de réduction du stress par la pleine conscience, j'ai reçu énormément de questions sur l'anxiété. Il m'est apparu nécessaire de créer des outils concrets et accessibles, pour aider les gens à développer une relation plus douce avec cette émotion, et à regagner leur liberté.

De plus, dans le cadre de ma pratique médicale nordique, je suis témoin de beaucoup de souffrance profonde. J'accompagne plusieurs patients qui souffrent d'anxiété, et ces rencontres humaines m'ont confirmé que nous détenons en nous beaucoup de ressources insoupçonnées. En six années, je peux compter sur les doigts de mes mains le nombre de fois où j'ai introduit un ISRS (inhibiteur sélectif de la recapture de la sérotonine, un antidépresseur également utilisé pour traiter les troubles anxieux) dans le plan de traitement d'un patient.

Alors que j'ai longtemps résisté à mon rôle de médecin, j'ai finalement compris que j'étais là pour aider les êtres humains à se recentrer, à se ramener à eux-mêmes, afin de trouver la guérison et la paix.

Dans ce livre, j'ai rassemblé les outils qui m'ont le plus aidée dans mon cheminement personnel, et qui m'ont permis d'aider mes patients à mieux gérer l'anxiété naturellement. J'ai écrit ce livre pour vous faire du bien, et pour vous faire découvrir toute la richesse cachée dans les profondeurs de votre être. Je l'ai voulu bienveillant. Du velours de la première à la dernière page, des pages remplies de douceur, de fleurs et d'astuces pour vous faire avancer, et vous libérer de cette prison dans laquelle vous vous trouvez peut-être.

La vie, c'est fait pour être heureux, pour découvrir, pour savourer pleinement. Je vous invite à élever votre niveau de conscience par rapport à vos processus de fonctionnement, et à reprendre le contrôle de votre vie, dans l'« ici et maintenant ».

Je serai votre guide pour les sept prochaines semaines, mais sachez que **tout est déjà là, en vous**. Vous êtes le maître de votre santé et de votre vie, et par le choix conscient que vous exprimez en lisant ce livre, vous faites un pas de plus vers la liberté. La liberté d'esprit.

C'est ce que je nous souhaite à tous et à toutes.

De mon cœur au vôtre,

Sophie ♡

AVERTISSEMENTS

- L'objectif de cet ouvrage est de vous accompagner sur le chemin de la santé et du bien-être. Il ne remplace aucunement une consultation, un diagnostic ou un traitement proposé par un médecin ou un professionnel de la santé.

- Si vous souffrez d'anxiété, il est recommandé de consulter un professionnel de la santé près de chez vous.

- L'anxiété est un sujet très vaste, qu'il est impossible de couvrir dans son intégralité. J'ai rassemblé dans ce livre des outils que je juge importants et efficaces pour mieux comprendre l'anxiété. C'est en augmentant notre niveau de conscience que nous développons un plus grand pouvoir face à notre santé. Tout est là, **en nous**.

- Je tente, dans ce guide, de vous transmettre des informations aussi à jour et aussi exactes que possible. Toutefois, en raison de l'évolution constante des statistiques et des découvertes scientifiques, il se peut que des données plus récentes diffèrent de ce qui est présenté ici.

- Ce livre ne fera pas disparaître l'anxiété! L'anxiété est une émotion normale, qui viendra encore vous rendre visite. Mais vous développerez des outils internes vous permettant de mieux la gérer, et vous pourrez peut-être même la considérer comme une amie.

- La prise de médicaments peut s'avérer nécessaire pour gérer l'anxiété. Cela demande une évaluation appropriée par un professionnel de la santé. Si vous prenez présentement une médication pour l'anxiété, il est recommandé de la poursuivre. Toute question concernant la médication doit être discutée avec votre médecin. Ne tentez pas d'arrêter votre médication sans accompagnement professionnel.

- Faites preuve de compassion envers vous-même. Surtout, ne vous créez pas d'anxiété supplémentaire à cause de ce livre. Respectez votre rythme, prenez le temps de comprendre et d'appliquer les notions dans votre vie quotidienne. Aussi souvent que nécessaire, revisitez les concepts qui représentent de plus grands défis pour vous. **C'est votre chemin**. Faites de ce livre un compagnon auprès de qui vous pourrez toujours revenir pour trouver des réponses, une orientation.

- Chaque personne est différente. Il est donc normal que certains exercices et certaines techniques résonnent plus que d'autres en vous. Je vous invite malgré tout à suivre le programme tel qu'il est proposé, avec ouverture, pour ensuite conserver dans votre coffre à outils les exercices qui sont les plus alignés avec vous et les plus aidants.

- J'ai intégré dans le livre des concepts provenant de différentes approches que j'ai eu l'occasion de côtoyer dans mon cheminement personnel et professionnel: pleine conscience, thérapie cognitivo-comportementale, coaching... Cela afin de vous aider à vous construire un coffre à outils pour la vie.

- La méditation de pleine conscience a un impact important sur l'anxiété et sur la conscience de soi. Je vous invite à faire les exercices recommandés afin de maximiser les retombées de vos efforts.

- Ce livre est un guide complet. Cependant, les personnes qui souhaitent être accompagnées dans un format différent peuvent s'inscrire à mon programme en ligne L'anxiété sans complexe (non inclus dans ce livre), dans lequel j'offre des capsules vidéo (accompagnées de méditations guidées et de calendriers de suivi pour intégrer les apprentissages au quotidien) et un guide pratique pour faire les exercices de réflexion. Le contenu est similaire à celui de ce livre, mais le contenant et la démarche d'apprentissage sont différents. Il s'agit d'un accompagnement plus «personnalisé», dans lequel les participants peuvent interagir avec moi sur la plateforme du programme et dans une communauté en ligne. Vous pouvez découvrir le programme sur anxietesanscomplexe.com.

«La médication, lorsque nécessaire, aide à éteindre le feu dans votre tête. Mais il est primordial de développer vos outils intérieurs pour accéder à votre plein potentiel de guérison.»

– D^RE^ AMÉLIE VEILLEUX, PÉDOPSYCHIATRE

CONSEILS D'AMIE POUR FAIRE FRUCTIFIER VOTRE LECTURE

- Soyez bienveillant envers vous-même, allez-y à votre rythme et ayez du plaisir à vous découvrir!
- Procurez-vous un beau journal, avec lequel vous aimerez passer du temps. Au cours des sept prochaines semaines, faites de ce journal votre meilleur ami, et consignez-y vos réflexions, vos prises de conscience. Vous pourrez l'utiliser pour les différents exercices suggérés dans ce livre.
- Vous pouvez décider de faire votre lecture à un moment fixe, chaque semaine (par exemple, le dimanche à 10 h), ou encore simplement y aller à votre rythme et selon vos envies. Le fait de réserver une période hebdomadaire à votre horaire vous aidera à rester motivé. Je vous recommande de consacrer une heure par semaine à la lecture du livre, et 15 minutes par jour aux exercices.
- Je vous invite également à lire les chapitres dans l'ordre présenté. Cet ordre logique permet aux prises de conscience de se succéder de façon naturelle. Il n'est par contre pas obligatoire de terminer le programme proposé en sept semaines. Allez-y à votre rythme.
- Lorsque les exercices se présentent, je vous invite à rédiger vos réflexions dans votre journal. Cela vous permettra des prises de conscience plus efficaces si vous le faites par écrit.
- L'anxiété ne vous quittera sans doute jamais complètement. C'est la même chose pour moi. Autorisez-vous à revenir vers ce livre chaque fois que vous en ressentez le besoin.
- Le petit symbole 💎 représente une pépite d'or, une pensée importante et précieuse. Vous en trouverez un peu partout dans le livre.

VOTRE MOTIVATION!

La motivation la plus puissante est celle qui vient du plus profond de votre être. Je vous invite à lire ce livre pour vous-même, et pour personne d'autre. Vous n'avez rien à prouver! Plus votre motivation sera forte, plus vous persévérerez. Et votre motivation est certainement votre plus grand gage de succès.

Avant de débuter votre lecture, réfléchissez à ces quelques questions :

Quelle est ma motivation profonde à lire ce livre ?

Qu'est-ce que j'aimerais modifier dans ma vie à propos de l'anxiété ?

Quel impact positif ce changement aura-t-il dans ma vie ?

Qu'est-ce que cela signifie, concrètement, pour mon bien-être et ma vie ?

Faites un effort conscient afin de rédiger une phrase qui résume votre motivation. Cette déclaration vous accompagnera tout au long de votre lecture.

Par exemple : « En gérant mieux mon anxiété, j'arriverai à être plus présente et à mieux profiter du temps que je passe avec mes enfants. »

MA PROMESSE !

En lisant *L'anxiété sans complexe* et en réalisant les exercices, vous allez :

- Augmenter votre niveau de conscience par rapport à l'anxiété et face à vous-même.
- Mieux comprendre l'anxiété et ses causes.
- Vous familiariser avec les modes de fonctionnement, les croyances et les comportements qui entretiennent l'anxiété.
- Prendre conscience de votre pouvoir intérieur pour améliorer votre bien-être.
- Exercer votre capacité à revenir dans le moment présent.
- Disposer, pour la vie, d'outils qui vous permettront de mieux gérer votre anxiété de façon naturelle, à l'aide de vos propres ressources intérieures.

SEMAINE 1

COMPRENDRE LA FONDATION

C'était en février 2012. J'étais assise dans le bureau d'un ostéopathe que je rencontrais pour la première fois, et qui allait devenir un «pilier» dans mon cheminement de guérison de l'anorexie. Une de ces étoiles brillantes qui composent la constellation magique de ma vie. Avec ses grands yeux bleus qui semblaient avoir tout compris de ma situation, il m'avait posé cette unique question qui allait changer mon existence à tout jamais.

«***Quel est ton niveau de stress, de 1 à 10, 10 étant le niveau le plus élevé ?***»

À ce moment-là, j'étais au bout du rouleau, et mon niveau de stress était à 20/10. Je me sentais prisonnière de mon corps et de ma tête. Vivante, mais morte en dedans. Prendre conscience de ce niveau de stress élevé que je vivais depuis trop longtemps m'a ouvert les yeux.

Pendant des mois, j'avais enduré une tension extrême, que j'arrivais à réduire momentanément en m'entraînant avec intensité dans un petit gym de la Baie-des-Chaleurs, et en m'empiffrant de toasts au Nutella tous les soirs, pour me faire vomir par la suite. Vidée dans tous les sens du terme, je prenais alors une douche chaude, je regardais mon visage bouffi dans le miroir, les yeux plein d'eau, puis j'allais me coucher. Misérable.

C'était le jour de la marmotte. Les matins commençaient toujours de la même façon: j'étais clouée au lit pendant deux heures par une douleur intense qui brûlait dans ma colonne vertébrale. Je craignais ce que j'allais vivre durant ma journée de travail à l'hôpital. Mon corps et mon âme entiers souffraient. Tout le stress et le manque d'amour pour moi s'étaient accumulés dans chacune des cellules de mon corps.

De l'extérieur, ma vie pouvait sembler parfaite: j'étais résidente en médecine, j'étais jeune, belle, mince, en bonne santé physique apparente, intelligente. J'avais tout pour être heureuse, comme on dit. Mais en réalité, j'étais profondément malheureuse.

J'ai dû prendre un arrêt santé de sept semaines, qui m'a ensuite poussée à m'intéresser au lien entre le stress et les symptômes physiques de mes patients. J'ai commencé à leur poser cette fameuse question que mon ostéopathe aux yeux bleus m'avait demandée : «Quel est votre niveau de stress, de 1 à 10?»

Leur réponse ressemblait très souvent à la mienne. Et mes patients faisaient toujours de grandes prises de conscience par la suite. Tout est lié.

EXERCICE

ALORS JE VOUS POSE AUSSI CETTE QUESTION : QUEL EST VOTRE NIVEAU DE STRESS, DE 1 À 10 ?

« Le zen n'est pas l'antistress par excellence, et l'antistress infaillible n'existe pas. [...] Par contre, c'est avec conviction que j'affirme que si vous connaissez et comprenez le stress, le vrai, vous pourrez le domestiquer, voire l'utiliser dans certaines conditions pour optimiser votre performance, ou votre santé physique. »

– SONIA LUPIEN, PH.D.

Ce livre est une invitation à
mieux comprendre le stress
et l'anxiété, et à développer
les outils que vous possédez
à l'intérieur de vous pour
mieux les gérer, naturellement.
Revenez toujours à l'intérieur
de vous pour trouver les
réponses à vos questions.
Faites confiance au processus,
et vous trouverez en vous des
trésors insoupçonnés.

UN PEU D'HISTOIRE

C'est dans les années 1930 que le Dr Hans Selye, surnommé l'Einstein de la médecine, a mis en évidence la réaction physiologique du corps face aux attaques extérieures. Il a nommé ce phénomène « réponse de stress ».

Hans Selye, MD, PhD
Né en 1907, à Vienne, et décédé en 1982, à Montréal.
Formation : université Charles de Prague, université McGill.

Baptisé le « père » de la recherche sur le stress, le Dr Selye est mondialement connu pour avoir introduit le concept du stress dans le contexte médical. Médecin et endocrinologiste, il a révolutionné notre compréhension des causes et des mécanismes de la maladie et de la connexion corps-esprit avec ses théories sur le rôle des réponses organiques aux émotions, aux blessures et aux maladies.

Selon lui, le stress joue un rôle dans toutes les maladies. En effet, l'incapacité à faire face ou à s'adapter aux différents stresseurs (tout ce qui déclenche la production d'hormones du stress) produit des « maladies d'adaptation », telles que l'hypertension artérielle, l'ulcère gastrique ou duodénal, et divers troubles mentaux. Sa théorie est appelée « le syndrome général d'adaptation ».

Le Dr Selye a publié plus de 1700 articles et 39 livres sur le stress.

QU'EST-CE QUE LE STRESS[1] ?

Le stress est une réaction physiologique déclenchée par l'organisme pour assurer notre survie. Au départ, c'est donc une réaction normale et utile.

Tant que le stress est aigu et relié à un élément déclencheur dans l'ici et maintenant, tout va bien, car il nous aide alors à affronter la situation qui se présente à nous.

C'est lorsque le stress devient chronique (qu'il est vécu sur plusieurs mois, voire plusieurs années), que les problèmes apparaissent, souvent à notre insu. Le stress peut devenir chronique quand un individu ne parvient pas à y réagir efficacement ou quand il subit des stress fréquents et répétés. Et souvent, c'est à ce moment que « notre corps nous parle ».

Lorsque nous sécrétons des hormones de stress de façon répétée, cela affecte notre capacité à faire la distinction entre les informations menaçantes et celles qui ne le sont pas. À la longue, nous commençons même à voir des menaces là où il n'y en a pas.

Vécu sur de longues périodes, le stress chronique peut contribuer à différentes conditions telles que les maladies cardiovasculaires, l'hypertension artérielle, le diabète, la dysfonction sexuelle, des problèmes gastro-intestinaux, des maladies cutanées comme l'acné, l'eczéma et le psoriasis, les infections respiratoires, les maladies auto-immunes, l'insomnie, le *burnout,* la dépression, les troubles anxieux, et autres maladies mentales. Le stress chronique semble également favoriser l'obésité, via des mécanismes directs (l'individu mange plus) ou indirects (l'individu dort moins et fait moins d'exercice).

QUE SE PASSE-T-IL QUAND UN STRESSEUR SURVIENT[2] ?

Phase 1 - L'ALARME

Après avoir été exposé soudainement à un stresseur auquel il n'est pas adapté, l'organisme est mis en alerte et les systèmes nerveux et endocriniens sont activés. Il y a d'abord un choc, caractérisé par l'état de surprise, qui est suivi d'un contre-choc, lors duquel l'organisme se met en mode de défense contre l'agression.

Phase 2 - LA RÉSISTANCE

L'exposition aux stimuli négatifs persiste et l'organisme s'y adapte en concentrant son énergie sur la réaction au stress. Durant cette phase, l'individu est vulnérable aux maladies.

Phase 3 - L'ÉPUISEMENT

Après une exposition prolongée de l'organisme au stresseur, le système immunitaire s'affaiblit et sa résistance diminue. L'organisme n'est plus en mesure de s'adapter au stresseur et il épuise ses énergies.

Au début de mes études en médecine, je vivais un stress normal avant mes examens. C'était un « bon stress » qui m'aidait à mieux performer. Mais plus j'avançais dans le parcours médical, plus les responsabilités, la charge de travail et les demandes extérieures augmentaient. Chaque jour, nous étions évalués par nos supérieurs, et nous recevions une fiche qui précisait si nos performances étaient «au-dessus», «conformes» ou «en-deça» des attentes. Ces évaluations quotidiennes provoquaient du stress de manière fréquente et répétée. Pendant des années, j'ai été en phase de résistance au stress. Lorsque j'ai commencé ma résidence en médecine familiale, les demandes extérieures ont encore augmenté. En plus de vivre le stress psychologique des évaluations quotidiennes, nous étions souvent soumis à un stress physique, alors que nous n'avions pas de le temps de manger ni d'aller aux toilettes pendant plusieurs heures, « parce qu'il y avait des patients à voir ou des notes à écrire ». Rapidement, mes ressources se sont épuisées, et je suis devenue incapable de prendre le dessus et de m'adapter. J'ai alors sombré dans l'anorexie, l'épuisement professionnel et la dépression.

STRESSEURS

↓

PHYSIQUES

Qui causent une tension ou une contrainte sur le corps: **températures très froides ou très chaudes, blessures, douleurs, maladies.**

PSYCHOLOGIQUES

Événements, situations, individus, commentaires négatifs ou dangereux, ou tout ce que nous interprétons comme négatif ou dangereux: **subir de l'intimidation au travail, être aux prises avec des conflits de couple, prendre l'avion.**

↓

STRESS

↓

ABSOLU

(universel et objectif)

Situation qui stresserait n'importe qui: **être témoin d'un tsunami, se faire pourchasser par un ours polaire, se faire tirer dessus, être victime d'un accident de voiture.**

RELATIF

(subjectif)

Situation qui sera perçue comme stressante par certaines personnes, mais pas par d'autres: **faire une présentation en public peut vous paralyser, alors que cela semble si facile pour vos collègues.**

Une fois, j'ai reçu un patient qui s'était égaré en motoneige dans la toundra, un jour de blizzard. Quand le blizzard souffle, les vents peuvent atteindre 180 km/h (record vécu lors de mes années passées dans le Grand Nord). La poudrerie réduit la visibilité. On peut ne pas voir notre main au bout de notre bras tendu devant nous! Imaginez que vous êtes perdu dans le froid glacial de l'hiver nordique, seul au milieu du blanc, à des milles de toute terre habitée. Pendant plusieurs heures, Qautsalik a tourné en rond, les oreilles et le visage découverts. Il a vécu à la fois des stresseurs physiques (être exposé à des températures très froides) et des stresseurs psychologiques (être égaré seul en plein cœur de l'hiver et être exposé à tous les dangers de la toundra et à une mort certaine s'il ne retrouvait pas son chemin rapidement). Lorsque Qautsalik s'est présenté à la clinique, il affichait des engelures sévères aux oreilles, il était en état de stress aigu et il souffrait même d'hallucinations auditives et visuelles. Le tout s'est résolu en quelques jours.

Étant donné qu'une situation doit être interprétée comme étant stressante pour engendrer une réponse de stress, on peut dire que le stress est une expérience très personnelle. En effet, vous n'êtes probablement pas stressé par les mêmes choses que votre mère, votre conjoint ou votre voisine. Mais que vous fassiez face à un ours polaire ou que vous soyez pris dans le trafic, anticipant d'arriver en retard à un rendez-vous important, votre réponse au stress sera la même.

LA RÉPONSE COMBAT-FUITE

La réponse combat-fuite (*fight or flight*) est le nom qu'on a donné à un mécanisme de survie qui permet à l'être humain et aux animaux de réagir rapidement en cas de danger, en combattant ou en fuyant. C'est un peu comme si vous deveniez Superman ou Wonder Woman et que vous activiez vos super-pouvoirs!

Joanie et son copain marchent dans la toundra de l'Arctique québécois. Ils gravissent le flanc de la montagne et Joanie est essoufflée. Son chum la taquine en lui disant: «Voyons! T'es vraiment pas en forme.»

Ils poursuivent leur chemin vers la baie et admirent paisiblement le coucher de soleil de fin d'été nordique et ses couleurs magiques. Lorsqu'ils se remettent en marche, Joanie aperçoit soudainement quelque chose dans la périphérie de son champ de vision: une «locomotive» blanche, mince et gigantesque à 200 mètres d'eux, qui leur fonce dessus avec puissance et rapidité.

Le temps s'arrête.

«Un guépard, se dit-elle. Non, on est dans la toundra, c'est un ours. Non, ça ne peut pas être un ours, ce serait trop bête comme fin, c'est sûrement un chien.» Tout se bouscule dans sa tête, et en l'espace de quelques secondes, des dizaines d'images apparaissent au ralenti dans son esprit: «Je voudrais courir, mais partout dans la brochure La sécurité au pays des ours polaires *de Parcs Canada, c'était écrit* "DO NOT RUN". *Surtout, ne pas le regarder dans les yeux... S'il attaque mon copain en premier, est-ce que j'aurai le courage de contre-attaquer avec le couteau de cuisine Starfrit que j'ai dans ma poche ou je vais juste vouloir sauver ma peau? Sa fourrure est plus jaune que blanche, pourquoi? On avait été avertis qu'il y avait des ours polaires autour du village.»*

Pris d'une force surhumaine, ils se mettent alors à courir et leur instinct leur dicte de passer derrière une grosse roche au lieu de rester dans la trajectoire de l'ours qui les pourchasse. Ils galopent ainsi pendant 30 minutes, sans s'arrêter ni se retourner, et ils échappent finalement à l'ours polaire qui les poursuivait!

Pendant ce temps, callée dans mon petit fauteuil devant la baie de ce même village inuit, je réfléchissais sur le stress et je cherchais des exemples potentiels de réactions combat-fuite pour l'écriture de ce livre: «Être pourchassé par un ours polaire, il me semble que c'est original!»

Ce n'est que le lendemain matin que j'ai appris qu'au même moment, mon amie et son amoureux avaient échappé de justesse aux griffes d'un ours polaire.

Mais qu'est-ce qui explique que Joanie et son copain aient réagi comme ils l'ont fait, les transformant en légendes dans le village?

Que se passe-t-il donc dans le cerveau et dans le corps lors de la réponse combat-fuite?

Fuir requiert un grand effort musculaire, supporté par tout le système grâce à l'activation du système nerveux sympathique. Tous ces changements arrivent si rapidement que nous n'en sommes pas conscients. L'amygdale et l'hypothalamus déclenchent cette cascade avant que notre cerveau n'ait complètement assimilé ce qui se passe.

Qu'est-ce qui se passe dans le cerveau[3] ?

DANGER IMMÉDIAT

↓

L'amygdale, une région du cerveau impliquée dans le traitement des émotions (en particulier la peur et l'anxiété), s'active.

↓

Elle sonne l'alarme et permet d'identifier la présence d'un danger. Elle envoie le message à l'hypothalamus (centre de contrôle qui communique avec le reste du corps via le système nerveux autonome).

↓

L'hypothalamus active

↓ ↓

le système nerveux sympathique, qui active la médullosurrénale.

Il y a sécrétion d'adrénaline et de noradrénaline.

l'hypophyse, qui active le cortex surrénal.

Il y a sécrétion de cortisol.

↓

COMBATTRE OU FUIR

La réponse induite par la sécrétion d'hormones du stress permet ainsi de **combattre** ou de **fuir** devant la menace.

Qu'est-ce qui se passe dans le corps ?

A SYSTÈME CARDIOVASCULAIRE

- La fréquence cardiaque augmente.
- La tension artérielle augmente.
- Il y a dilatation ou constriction de vaisseaux sanguins clés.
- Le cœur pompe plus de sang vers les muscles.

B SYSTÈME RESPIRATOIRE

- La respiration s'approfondit et s'accélère.
- Les poumons, la gorge et les narines s'ouvrent pour laisser entrer plus d'air.
- Les voies respiratoires supérieures s'ouvrent afin que les poumons puissent prendre le plus d'oxygène possible à chaque respiration.

C SYSTÈME DIGESTIF

- La digestion ralentit ou s'arrête afin de redistribuer le sang aux régions plus critiques.

D SYSTÈME REPRODUCTEUR

- L'ovulation cesse et la production d'œstrogènes diminue.
- Les testicules ralentissent la production de testostérone.

E 5 SENS

- La vue, l'ouïe et les autres sens s'aiguisent et nous gardent en alerte.
- Les pupilles se dilatent.
- Les poils se dressent et nous rendent plus sensibles au toucher.

F AUSSI

- Les vaisseaux sous-cutanés se contractent.
- Il y a sécrétion d'endorphines (un analgésique naturel) pour endormir la douleur en cas de blessure.
- Les muscles se tendent.
- La coagulation sanguine est plus efficace.
- La production d'urine diminue.
- Les réflexes s'aiguisent.
- La sécrétion de sueur augmente.

E La vue, l'ouïe et les autres sens s'aiguisent et nous gardent en alerte
B La respiration s'approfondit et s'accélère
A La fréquence cardiaque augmente
C La digestion ralentit ou s'arrête afin de redistribuer le sang aux régions plus critiques
F Les muscles se tendent

QU'EST-CE QUE L'ANXIÉTÉ* ?

On confond souvent le stress et l'anxiété. Comme nous l'avons vu précédemment, **le stress est une réaction physiologique** face à quelque chose de perçu comme stressant. **L'anxiété est une émotion normale**, que tous les êtres humains vivent un jour ou l'autre. L'anxiété peut devenir pathologique si elle est vécue de manière trop intense et sur une trop longue période.

Et qu'est-ce qui distingue la peur et l'anxiété[4]? **La peur** est une émotion qui survient lors de l'exposition à un danger ou à une **menace réelle et immédiate**. Elle est essentielle pour combattre ou fuir et augmenter nos chances de survie.

L'anxiété se manifeste plutôt en prévision d'une **menace potentielle**. Elle est le résultat de l'anticipation d'une menace imaginée. Mais que la menace soit réelle ou imaginaire, le cerveau réagit de la même manière: il produit des hormones de stress.

Les personnes anxieuses ont donc tendance à produire beaucoup d'hormones de stress, car elles anticipent constamment des menaces imaginées.

Après l'attaque d'ours vécue par mon amie, il m'était difficile de retourner dans la toundra sans m'inquiéter. Mon mari, Felix, d'un naturel très zen, arrivait à se promener en quatre-roues et à admirer le paysage qui s'offrait à lui. De mon côté, je n'y parvenais pas: la menace potentielle de l'ours prenait toute la place. Des pensées se bousculaient dans ma tête: «Les ours peuvent courir à 50 km/h, on n'a aucune chance sur ce chemin de gravelle! Et si on est dans la bonne direction du vent pour lui? Il peut nous sentir à une distance de 5 km!» Je m'attendais à voir un ours surgir de n'importe où, j'étais constamment aux aguets face à une menace potentielle. Et la réponse au stress s'activait.

* Je vous invite à découvrir le précieux travail de Sonia Lupien, Ph.D., auteure de *Par amour du stress* et directrice du Centre d'études sur le stress humain.

LE CERVEAU ET L'ANXIÉTÉ

Nous l'avons vu plus tôt, le rôle de l'amygdale est de nous maintenir en sécurité. Lorsqu'une situation menaçante se présente, l'amygdale s'active et joue le rôle de « bouton panique », déclenchant ainsi un état d'urgence. Elle est essentielle à notre capacité de ressentir et de percevoir chez les autres des émotions telles que la peur, et semble jouer un rôle important dans la genèse de l'anxiété.

Les personnes qui souffrent d'anxiété pathologique présentent une hyperactivité de l'amygdale[5]. Cette dernière serait impliquée dans les symptômes d'hypervigilance souvent présents dans plusieurs troubles anxieux. En effet, chez les gens qui vivent ces troubles, il y a une hyperexcitabilité des régions du cerveau qui sont importantes pour détecter les menaces (dont l'amygdale), et une hypoactivation des régions essentielles pour freiner la peur et réguler nos émotions.

Des études scientifiques récentes[6] suggèrent que la méditation provoquerait des changements neuroplastiques (capacité du cerveau à se restructurer) dans l'amygdale.

La pratique méditative réduirait l'activité de l'amygdale durant des expériences affectives négatives en agissant sur le niveau de stress et d'anxiété via au moins deux mécanismes :

- En produisant un état de relaxation qui contre l'activation excessive des voies neurohormonales secondaires dues au stress répété. (Personnellement, et cela est confirmé par plusieurs sources, j'insiste beaucoup sur le fait que **méditation n'égale pas relaxation**. On parle plutôt d'un état d'éveil au moment présent qui peut apporter - ou non - un état de relaxation.)

- En développant la capacité de conscience métacognitive, qui permet de prendre du recul et de témoigner de ce qui se trouve dans le champ de notre conscience. Théoriquement, la méditation évite la réponse automatique au stress en aidant les gens à mieux tolérer et réguler leur détresse émotionnelle.

Les études ont également démontré que chez les individus qui vivent un niveau de stress élevé, le volume de l'amygdale augmente. Une étude clinique randomisée a démontré que trois jours intensifs de pleine conscience (comparés à trois jours de relaxation sans pleine conscience) contribuaient à réduire le volume de l'amygdale chez une population d'adultes sans emploi et stressés. Bref, même si le stress peut faire augmenter le volume de l'amygdale, une intervention brève de pleine conscience peut renverser la situation.

PRENDRE CONSCIENCE DE SON ANXIÉTÉ

Si vous lisez ce livre, c'est sans doute parce que l'anxiété vient parfois (ou souvent) vous visiter, n'est-ce pas? En prendre conscience est un premier pas important! Bravo!

La majorité des patients anxieux ne se plaignent pas d'anxiété au premier abord. Ils consultent le plus souvent pour des symptômes physiques, dont la cause demeure inexpliquée. Il peut s'en suivre plusieurs investigations et consultations médicales, avant qu'on comprenne l'origine des maux. Parfois, les patients anxieux nient vivre de l'anxiété et ils consultent à répétition pendant des mois, voire des années. La prise en charge est alors très difficile, car le patient n'est pas capable de beaucoup d'autocritique.

William a 30 ans. Il a reçu un diagnostic de trouble de déficit de l'attention (TDA) à l'âge adulte, pour lequel il était médicamenté. Il s'est présenté dans mon bureau avec des idées suicidaires très sérieuses (il se voyait en train de se jeter d'une falaise en quatre-roues). Il vivait aussi beaucoup de stress au travail ainsi que des conflits avec son employeur, et il se sentait constamment persécuté par celui-ci. Lors de notre première rencontre, il m'a confié avoir de multiples peurs depuis toujours. Il avait entre autres peur des catastrophes naturelles, et il se préparait mentalement à y faire face en jouant des scénarios d'évacuation dans sa tête. «Je vais être prêt si une catastrophe survient. Je vais savoir par où m'enfuir et où me cacher pour survivre.» Il anticipait également beaucoup de problèmes au travail qu'il tentait de résoudre dans sa tête avant même qu'ils surviennent.

Il souffrait d'insomnie et présentait plusieurs symptômes de dépression. Le soir, il se réfugiait dans la nourriture et avait des compulsions alimentaires. Il prenait beaucoup de poids et il était devenu progressivement obèse morbide. Il se demandait: «Pourquoi?! Pourquoi ça m'arrive tout ça?» Après quelques rencontres, le diagnostic s'est précisé: trouble d'anxiété généralisée et burnout. Il a aussi pris conscience de l'interrelation entre l'anxiété et les symptômes de TDA.

Messages clés

- Les personnes anxieuses ne sont souvent pas conscientes de l'être. C'est normal parce qu'on ne nous apprend pas à bien reconnaître et comprendre nos émotions.

- L'anxiété s'accompagne souvent d'autres problèmes de santé mentale ou physique (c'est ce qu'on appelle des *comorbidités*). Elle peut en être le précurseur ou la conséquence, et elle peut être vécue pendant plusieurs années avant qu'on s'en préoccupe.

- L'anxiété est caméléon, ce qui la rend parfois difficilement décelable. Plusieurs visites médicales et diverses investigations sont souvent nécessaires avant d'arriver à un diagnostic de trouble anxieux.

Johnny s'est présenté dans mon bureau avec des symptômes physiques très atypiques. Il se plaignait d'une pression incommodante à l'arrière de la tête. Après plusieurs questions, j'ai conclu qu'il souffrait d'acouphènes importants et, surtout, qu'il avait développé énormément de peurs. Même s'il vivait dans le Grand Nord, il avait peur de l'Ebola. Il était convaincu que l'épidémie allait se rendre jusque dans son village. Johnny avait un trouble anxieux qu'il niait complètement au départ. C'est un des rares patients à qui j'ai dû prescrire une médication pour mieux gérer son anxiété.

Messages clés

- L'anxiété se manifeste différemment chez chaque individu.

- La majorité des patients anxieux se présentent pour un symptôme physique pour lequel on ne trouvera jamais de cause organique.

- Et non, ce n'est pas «juste dans la tête». Johnny avait vraiment des acouphènes, qui étaient très liés à son anxiété. Plus son anxiété augmentait, plus les acouphènes s'intensifiaient, et vice versa. Il était prisonnier d'un cercle vicieux.

Nous sous-estimons souvent notre niveau d'anxiété. Nous sommes en réalité plus anxieux que nous le pensons.

LE CORPS, LE CŒUR ET L'ESPRIT

Nos sensations physiques, nos émotions et nos pensées sont liées. Cela m'a pris plusieurs années de pratique médicale (et d'expériences personnelles) pour le comprendre, et pour en être convaincue. Lorsque nous étudions la médecine conventionnelle, nous en apprenons beaucoup sur le corps, de manière isolée (comment il fonctionne, sa physiologie dans les moindres détails), mais nous n'entendons pratiquement pas parler du lien qui existe entre le corps, les émotions et les pensées. Le corps est traité comme s'il était une simple machine, alors que tout est lié. Notre compréhension de la relation entre ce que notre corps, notre cœur et notre esprit ressentent est très limitée. Profitons donc de cette chance de nous tourner vers nous-mêmes, pour vivre une expérience corporelle incarnée, habitée et connectée au cœur et à l'esprit.

Les symptômes physiques, qui sont les plus visibles, représentent la pointe de l'iceberg. Souvent, nous nous attardons à la pointe sans se soucier de ce qui est caché sous l'eau: les pensées, les émotions, les symptômes invisibles.

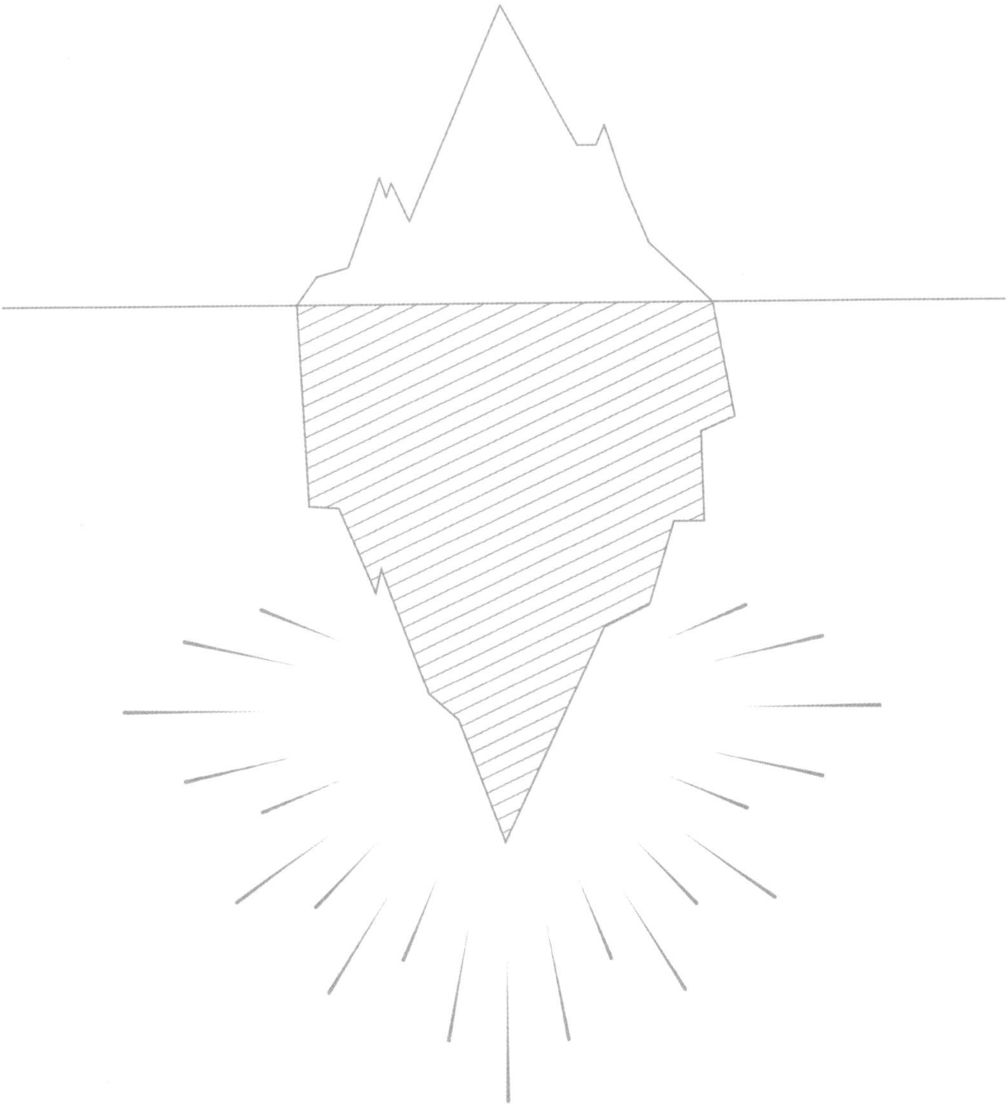

« Le fait que l'esprit régisse le corps, bien que négligé par la biologie et la médecine, est la connaissance la plus fondamentale que nous ayons du processus vital. »
- Dr FRANZ ALEXANDER

Comment l'anxiété se manifeste-t-elle chez vous ?

SYMPTÔMES PHYSIQUES*

- Palpitations
- Douleurs thoraciques
- Difficultés respiratoires
- Impression d'étouffer
- Nausées
- Vomissements
- Difficulté à avaler
- Ballonnements
- Douleurs abdominales
- Diarrhées
- Maux de tête
- Faiblesse
- Acouphènes
- Étourdissements
- Engourdissements
- Tremblements
- Douleurs pelviennes
- Fréquence urinaire accrue
- Absence de menstruations
- Frissons, bouffées de chaleur
- Insomnies, troubles du sommeil
- Fatigue

SYMPTÔMES ÉMOTIFS

- Inquiétude
- Nervosité
- Irritabilité
- Crainte
- Appréhension
- Terreur
- Panique
- Impression d'être coupé de soi ou du monde
- Peurs diverses (de perdre le contrôle, de mourir, de devenir fou/folle, d'être gravement malade)

** Certains de ces symptômes peuvent être causés par des maladies physiques. Il est donc important de consulter votre médecin si ces symptômes vous affectent.*

EXERCICE

PRENEZ UN MOMENT POUR RÉFLÉCHIR AUX DIVERSES FAÇONS DONT L'ANXIÉTÉ SE MANIFESTE CHEZ VOUS, ET NOTEZ LES SYMPTÔMES DANS VOTRE JOURNAL.

LA COHÉRENCE CARDIAQUE

C'est une technique simplissime et très efficace pour diminuer le stress, l'anxiété et même la tension artérielle! La cohérence cardiaque contribue à la baisse du cortisol (l'hormone du stress). Il est important de faire la première session dès le réveil, avant la sécrétion du cortisol.

La cohérence cardiaque est une technique de respiration rythmée qui consiste à inspirer en 5 secondes et à expirer en 5 secondes, pendant 5 minutes, à raison de 3 fois par jour afin d'obtenir des résultats optimaux.

INSPIRER
5 secondes

EXPIRER
5 secondes

Pendant
5 MINUTES

3 FOIS
par jour

MISSIONS DE LA SEMAINE

Faites les exercices de réflexion écrite de la semaine :

- Votre niveau de stress (p. 20)
- Les symptômes de l'anxiété (p. 44)

Pratiquez la cohérence cardiaque trois fois par jour (p. 45).

SEMAINE 2

COMPRENDRE CE QUI CAUSE L'ANXIÉTÉ

LES FACTEURS

L'anxiété peut être causée par une multitude de facteurs qui, isolés, ne mèneraient pas nécessairement à cet état, mais qui, réunis, contribuent au développement, au maintien et parfois à l'aggravation d'un état anxieux.

Un individu qui vit de l'anxiété se sent souvent impuissant face à cette émotion qu'il a du mal à comprendre et à apprivoiser. Vous découvrirez dans cet ouvrage que vous avez le pouvoir d'agir sur certaines des causes de l'anxiété, et vous apprendrez ainsi à mieux la gérer, naturellement.

En élargissant vos connaissances, vous pourrez agir concrètement sur votre santé et sur votre vie. Ça demande du travail et des efforts, mais ça paie au centuple!

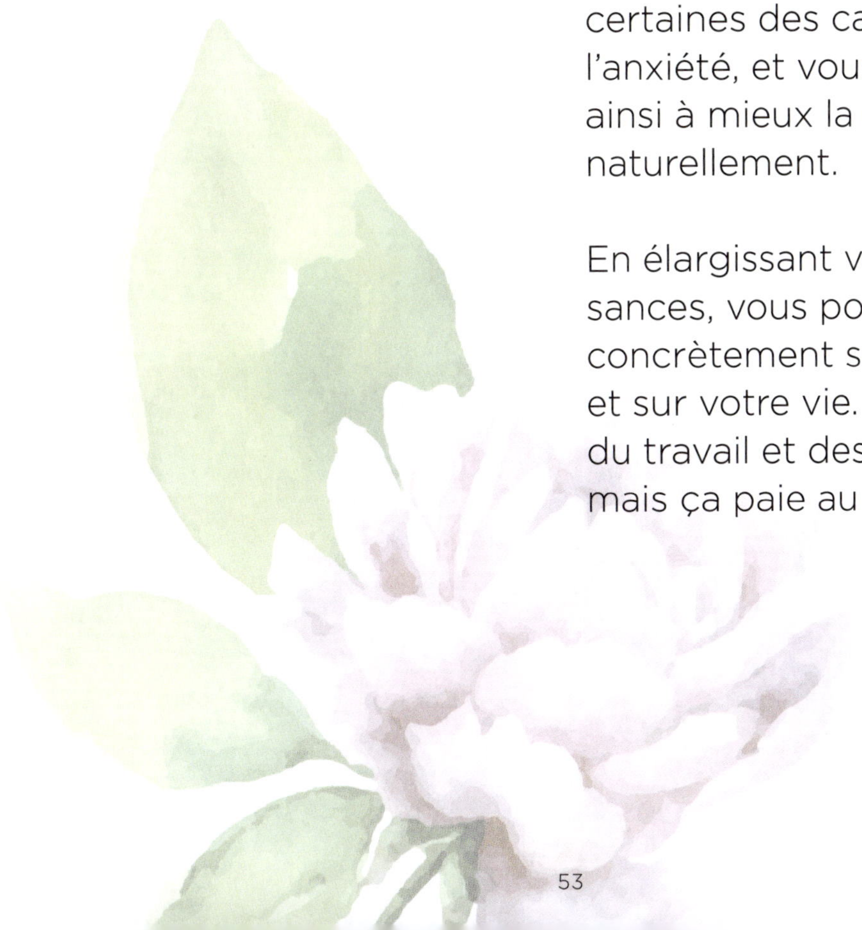

LES RACINES DE L'ANXIÉTÉ

LE SOL FERTILE

Le sol fertile représente les facteurs biologiques qui peuvent nous prédisposer à développer de l'anxiété et des troubles anxieux. Notre génétique peut nous y mener, et accroître notre vulnérabilité. Notre tempérament aussi. Malgré tout, ce n'est pas parce que nous avons une prédisposition génétique, par la prévalence de maladies mentales et de troubles anxieux dans notre famille, ou que nous sommes de nature anxieuse que nous allons nécessairement développer des troubles anxieux.

De nombreux autres facteurs peuvent également être en cause dans le développement des troubles anxieux :

DES FACTEURS PSYCHOLOGIQUES

Une faible estime de soi

Une faible capacité d'adaptation

DES FACTEURS PSYCHOSOCIAUX ET COMPORTEMENTAUX

Des événements de la vie stressants, traumatiques, incontrôlables

Nos croyances, nos modes de pensée

Les personnes qui nous entourent

L'évitement

La difficulté à lâcher prise

DES HABITUDES DE VIE ANXIOGÈNES

Café, thé, boissons gazeuses, boissons énergisantes

Abus de certaines substances (alcool, amphétamines, cannabis, cocaïne)

Sevrage (alcool, anxiolytiques, nicotine, narcotiques)

Mauvaise hygiène de sommeil

Manque d'activité physique

LA PRISE DE CERTAINS MÉDICAMENTS (LISTE NON EXHAUSTIVE)

Stéroïdes, pilule contraceptive, préparations thyroïdiennes, antihistaminiques, antibiotiques

CERTAINES MALADIES ORGANIQUES

Hyperthyroïdie

Maladie pulmonaire obstructive chronique

EXERCICE

LES HABITUDES DE VIE ANXIOGÈNES

CONSOMMATION DE CAFÉ, DE THÉ, DE BOISSONS GAZEUSES, DE BOISSONS ÉNERGISANTES

CONSOMMATION, ABUS OU SEVRAGE DE CERTAINES SUBSTANCES

MAUVAISE HYGIÈNE DE SOMMEIL

MANQUE D'ACTIVITÉ PHYSIQUE

Pour prendre conscience de nos habitudes et arriver à les changer, il peut être utile de les monitorer. Dans votre journal, interrogez-vous à propos de vos habitudes de vie :

- À quelle fréquence vivez-vous ces habitudes anxiogènes ?
- Souhaitez-vous continuer comme cela ? Diminuer ? Arrêter complètement ?
- Dans quel ordre souhaitez-vous faire ces changements ? Vous pouvez choisir l'habitude qui a le plus grand impact ou encore l'habitude qui sera la plus facile à changer, pour ensuite progresser vers la plus difficile.

Par la suite, vous pourrez établir un plan :

- Quelle habitude souhaitez-vous changer ? Pourquoi ?
- Quel est l'impact (à court, moyen et long terme) de cette habitude dans votre vie ?
- Quelle est votre motivation profonde à changer cette habitude ?
- Quel changement vous apparaît réaliste et réalisable ?
- En combien de temps souhaitez-vous modifier cette habitude ? (Donnez-vous un objectif précis et concret.)

LE SOMMEIL

Une des premières manifestations de l'anxiété sont les troubles du sommeil. Notre esprit roule vite, de multiples pensées anxiogènes se bousculent dans notre tête. Nous avons alors de la difficulté à nous endormir, passant parfois des heures au lit les yeux grands ouverts. Ou alors nous nous réveillons au milieu de la nuit en pensant à la journée qui vient sans pouvoir nous rendormir. Nous sommes privés de sommeil et fatigués, ce qui nous rend plus vulnérables et contribue à faire augmenter l'anxiété. **Cela devient un cercle vicieux duquel il peut être difficile de se sortir**. Il est donc primordial d'avoir une bonne hygiène de sommeil lorsqu'on vit de l'anxiété. C'est la base !

Le cerveau des gens qui font de l'insomnie associe le fait d'être au lit avec le fait d'être éveillé. Il est possible de briser ce processus. Si après 30 minutes au lit, vous ne dormez toujours pas, il faut en sortir et faire quelque chose d'ennuyant jusqu'à ce que le sommeil vous gagne à nouveau, puis vous recoucher. (Un de mes patients, qui vivait beaucoup d'anxiété, ne dormait presque pas et a décidé de réparer son filet de pêche le soir avant d'aller se coucher... Après deux semaines, il dormait sept heures par nuit !) Vous devez réhabituer votre cerveau à associer votre chambre et votre lit au sommeil !

Les troubles du sommeil sont le symptôme n° 1 de l'anxiété.

Le manque de sommeil fait également augmenter l'anxiété.

Le tout crée un cercle vicieux.

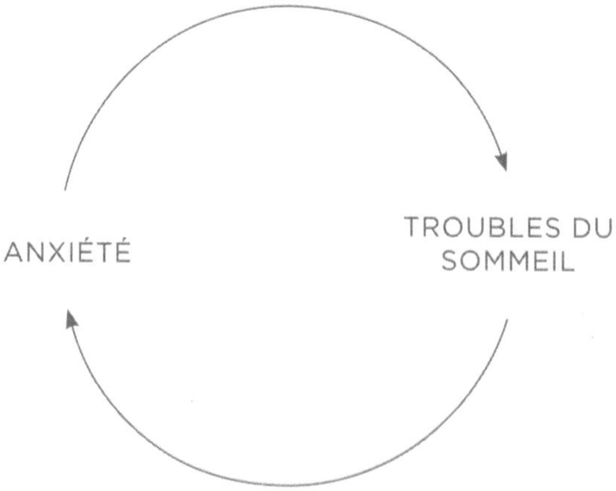

LA MÉLATONINE[7]

La mélatonine est une hormone produite par le corps pinéal puis sécrétée dans le sang et le liquide céphalo-rachidien. Elle transmet des signaux aux organes, principalement au cerveau, et affecte la synthèse de messagers secondaires et, ultimement, le sommeil et les rythmes circadiens.

La sécrétion de mélatonine suit un rythme circadien: ses concentrations dans le plasma et l'urine sont faibles durant la journée, augmentant après le début de la noirceur, avec un pic entre 23 et 3 h, puis redescendant avant le lever du jour.

Au cours de notre vie, la mélatonine atteint un pic de concentration entre 1 et 3 ans et diminue ensuite pour atteindre un plateau au début de l'âge adulte. Sa concentration diminue alors progressivement au fil des années.

L'utilisation d'écrans (télévision, ordinateur, tablette, cellulaire) avant l'heure du coucher peut avoir un effet négatif sur la sécrétion de mélatonine, sur les rythmes circadiens et sur le sommeil. Dans une étude, des chercheurs ont comparé les effets de la lecture pendant 4 heures et sur 5 soirs consécutifs d'un livre sur un écran (liseuse) aux effets de la lecture d'un livre papier avant le coucher. Les individus ayant utilisé la liseuse avaient des concentrations diminuées de mélatonine dans la première partie de la nuit et une phase retardée du cycle circadien de la mélatonine. Ils se sentaient moins endormis avant d'aller au lit, avaient plus de difficulté à s'endormir et rapportaient se sentir plus fatigués le lendemain matin.

MA PRESCRIPTION POUR DORMIR COMME UN ANGE

Aller au lit environ à la même heure chaque soir et se lever à la même heure chaque jour, même la fin de semaine.

Relaxer avant d'aller au lit. On peut même faire une activité ennuyante.

Éviter tous les écrans deux heures avant de se coucher.

Laisser les écrans à l'extérieur de la chambre, qui doit rester un endroit paisible.

Éviter de travailler dans la chambre, afin qu'elle soit associée à un endroit qui fait du bien, un cocon, un lieu pour soi. Faites de votre chambre une sorte de sanctuaire.

Faire de l'activité physique le jour.

Éviter ou réduire l'exercice physique intense le soir, car cela peut interférer avec le sommeil.

L'INQUIÉTUDE ET L'ANXIÉTÉ

Au fond, s'inquiéter, qu'est-ce que c'est? S'inquiéter, c'est se parler dans sa tête, de manière répétitive, à propos d'événements futurs possibles mais qui ne sont pas arrivés, qui n'arriveront sans doute jamais et qui nous font peur. Lorsque nous nous inquiétons, **nous souffrons dans le présent à propos d'événements futurs** qui n'arriveront probablement jamais. C'est ainsi que nous perdons une grande partie de notre énergie, et de notre vie. S'inquiéter consomme beaucoup d'énergie.

- S'inquiéter est une habitude.
- Lorsqu'on s'inquiète, on est vigilant par rapport à un danger possible, et on essaie de «régler le problème» mentalement alors qu'il ne s'est pas encore présenté et qu'il n'existe pas.
- Cela a un effet boule de neige: on s'inquiète de plus en plus et on devient de plus en plus anxieux.
- Voici la chaîne qui entretient l'anxiété:

  Inquiétude → Processus de pensée négative → Sentiment anxieux et tendu → Évitement → Augmentation de l'anxiété
- Nos pensées et nos émotions étant liées, lorsque nous entretenons des pensées anxieuses, cela se manifeste dans notre vie par l'anxiété.
- Cela se fait souvent à notre insu, étant donné que nous ne sommes pas conscients des pensées que nous entretenons, et qui sont souvent les mêmes chaque jour.

Lorsque j'avais un TOC, j'étais incapable d'arrêter de m'inquiéter. Mes différentes obsessions envahissaient mon esprit jour et nuit. Je passais plusieurs heures par jour à m'inquiéter et à suivre des rituels me permettant de réduire (momentanément) mon anxiété. À cette époque, l'anxiété nuisait grandement à ma qualité de vie.

« QU'EST-CE QUI VA ARRIVER SI... ? »

Vous posez-vous souvent cette question? Une première pensée du type «Qu'est-ce qui va arriver si...?» surgit, ce qui entraîne souvent une cascade de pensées anxiogènes. Ce n'est pas la première pensée «Qu'est-ce qui va arriver si...?», le problème, mais plutôt la façon dont nous y réagissons et comment nous entretenons le cycle de pensées négatives. C'est un peu comme si nous avions une chanson dans la tête, et que cette chanson nous rendait anxieux.

Nous avons peu ou pas de contrôle sur la première pensée. Par contre, grâce aux exercices de ce livre, vous apprendrez que vous avez un certain contrôle sur la deuxième pensée - et donc sur l'anxiété.

La première pensée apparaît.

Qu'est-ce qui va arriver si je tombe à vélo et que je me casse une jambe?

Si nous nous arrêtons ici, sans alimenter la pensée anxiogène, nous n'entretenons pas l'anxiété. Mais si nous donnons suite à la première pensée, l'anxiété augmente.

Je vais avoir besoin d'une chirurgie et je vais passer plus d'un mois avec la jambe dans le plâtre.

Ensuite, une cascade de pensées négatives déferle.

Je ne pourrai plus danser et je devrai annuler ma participation au gros événement auquel j'avais tellement hâte d'assister. Je ne pourrai pas retourner au travail. Ils vont me remplacer et je n'aurai pas assez d'argent pour payer mes factures. Je vais faire faillite. Je vais perdre ma maison. Je vais me retrouver à la rue. Ma famille va me laisser tomber. Je vais me retrouver toute seule...

Bref, la boule de neige anxiogène ne fait que grossir, sans vraiment aller nulle part, et sans résoudre aucun problème dans l'ici et maintenant.

QUESTIONS DE TYPE « QU'EST-CE QUI VA ARRIVER SI... ? »

Qu'est-ce qui va arriver si mon enfant ou mon conjoint meurt?

Qu'est-ce qui va arriver si j'échoue à mon examen?

Qu'est-ce qui va arriver si je perds mon emploi?

Qu'est-ce qui va arriver si j'arrive en retard?

Qu'est-ce qui va arriver si l'avion s'écrase?

Qu'est-ce qui va arriver si je tombe malade?

Qu'est-ce qui va arriver si je fais faillite?

Qu'est-ce qui va arriver si la maison prend feu?

Qu'est-ce qui va arriver si l'entreprise où je travaille ferme ses portes?

Qu'est-ce qui va arriver si je tombe enceinte?

Qu'est-ce qui va arriver si la planète continue de se réchauffer?

EXERCICE

DANS VOTRE JOURNAL, ÉCRIVEZ LES QUESTIONS DE TYPE « QU'EST-CE QUI VA ARRIVER SI... ? » QUI REVIENNENT SOUVENT DANS VOTRE TÊTE.

Choisissez une situation qui vous a inquiété dans le passé (mais qui n'est plus un problème aujourd'hui), et utilisez-la pour écrire votre chaîne d'inquiétudes typique.

Notez s'il y a des images qui surgissent fréquemment dans votre tête. Quelles images, informations, situations ou pensées de type « Qu'est-ce qui va arriver si... ? » ont déjà déclenché de l'anxiété chez vous ?

Dans la réalité, que s'est-t-il finalement produit ?

Est-ce que vos inquiétudes sont devenues réalité ?

Étaient-elles plutôt vaines ?

L'anxiété est une émotion normale. On s'inquiète tous. C'est le temps qu'on passe à s'inquiéter et la difficulté à se désengager de nos inquiétudes qui déterminent si l'anxiété est problématique ou non.

LES DÉCLENCHEURS

Quels sont les images ou les films qui jouent (souvent en boucle) dans votre tête? Certains déclencheurs peuvent sembler plus ou moins évidents. Il peut s'agir de pensées ou d'images qui semblent surgir de nulle part dans la tête, parfois de manière répétée, ou lorsque vous vous retrouvez dans certaines situations. Ces images ou ces films mentaux peuvent être déclenchés de différentes façons:

Voir une image dans un journal, à la télé, sur Internet ou dans un livre

Un soir, lorsque j'étais petite, je regardais Ciné-Cadeau *et, durant la pause publicitaire, j'ai changé de poste et je suis tombée sur* Jaws*, un film avec un grand requin blanc qui mange des humains. J'ai été vraiment traumatisée par cette scène où un enfant se faisait manger la moitié du corps. Cette image revenait souvent dans ma tête et provoquait une cascade d'inquiétudes.*

Écouter les informations à la radio ou à la télé

Au Brésil, la radio ne diffuse que des mauvaises nouvelles qui font peur: assassinat, bus incendié, attaque dans le métro, etc. Je ne comprenais pas pourquoi les Brésiliens avaient si peur et considéraient leur pays comme dangereux, jusqu'à ce que j'écoute la radio dans le taxi! Il vaut mieux être un touriste naïf si on veut en profiter!

Vivre ou être spectateur d'une scène où des gens sont en danger, blessés ou tués

Je participais à un gros événement de danse au Brésil. Ce jour-là, à Porto Seguro, un petit village de pêcheurs aux maisons multicolores, nous avions suivi des cours toute la journée et nous avions ensuite dansé toute la nuit. Au petit jour, nous sommes allés sur la plage pour admirer le lever du soleil et nous baigner. À mes côtés, un jeune homme racontait toutes sortes d'histoires drôles. On riait, on avait du fun. Quelques secondes plus tard, je vois dans l'eau quelqu'un qui fait l'étoile, parfaitement immobile.

C'est le jeune homme. Tous ses membres étaient immobiles ; c'était étrange. J'ai donné un petit coup à mon ami et je lui ai dit : « Ça n'a pas l'air normal ! » Il m'a répondu : « Ben non, il blague. » J'ai regardé une nouvelle fois et le jeune homme était toujours complètement immobile alors que les vagues le frappaient. Je me suis mise à courir, je suis arrivée à côté de lui, quelques personnes en panique se sont rassemblées autour de nous. Il était conscient, il respirait et me regardait dans les yeux.

Il m'a dit : « J'ai frappé le sol avec ma tête. Tout s'est arrêté dans mon corps. » J'ai senti mon cœur se serrer. À ce moment précis, je savais qu'il s'était cassé le cou, qu'il était paralysé. Je disais à tout le monde de faire attention, mais les gens étaient hystériques et l'ont transporté n'importe comment sur une longue distance. Intérieurement, je capotais parce que je savais qu'il fallait faire attention à son cou, mais personne n'écoutait. Je suis restée à ses côtés pendant 40 minutes, le temps que l'ambulance arrive. En un instant, ce danseur en super forme était presque devenu quadraplégique (alors que j'étais avec lui sur le sable, l'encourageant à bouger ses doigts, ceux-ci s'étaient remis à bouger un peu…). Il est en fauteuil roulant pour le reste de ses jours.

Je danse le zouk brésilien, qui nécessite beaucoup de mouvements de tête vers l'arrière. Or, après cet incident, j'ai fait un blocage et je n'arrivais plus à aller danser, parce que l'image du gars qui s'était cassé le cou revenait constamment dans ma tête. C'est grâce à un exercice d'hypnose que j'ai réussi à me libérer de ce blocage.

HYPNOSE MAGIQUE : *SHRINK - BLINK - SWIPE*

Lorsque vous éprouvez de l'anxiété, ou que vous sentez qu'une attaque de panique approche, tentez de percevoir les images qui apparaissent dans votre tête - comme une photo ou un film - et repassent en boucle. Ce film que nous jouons dans notre tête entretient l'anxiété. Voici une technique pour modifier l'image ou le film que vous voyez qui contribuera à diminuer l'anxiété et peut-être même à prévenir une attaque de panique.

Quelques questions pour vous guider :

- ***Est-ce que ce que vous voyez est fixe comme une image ou en mouvement comme un film ?***
- ***Est-ce en couleur ou en noir et blanc ?***
- ***Lorsque vous fermez les yeux, à quel endroit se localise l'image dans votre tête ?***
- ***Est-ce que l'image est près ou loin de vous ?***
- ***Est-ce que l'image est grosse ou petite ?***

Étape 1 **RENDRE L'IMAGE FIXE ET EN NOIR ET BLANC**

Si l'image est en mouvement, transformez-la en photo. Si l'image est fixe et en couleur, rendez-la en noir et blanc. Observez l'impact sur votre niveau d'anxiété.

Étape 2 ***SHRINK***

Rapetissez l'image dans votre tête jusqu'à ce qu'elle soit de la grosseur d'un timbre. Puis envoyez cette image loin, loin, loin devant vous.

Étape 3 ***BLINK***

Faites clignoter l'image dans votre tête : noir-blanc-noir-blanc. Observez la façon dont vous vous sentez.

Étape 4 ***SWIPE***

Si l'image est liée à une situation antérieure, catapultez-la loin, loin, loin dans le passé. (Vous sentirez intérieurement où se trouve le passé dans votre esprit.)

Répétez les étapes précédentes jusqu'à ce que l'image n'apparaisse plus, que l'anxiété diminue.

Si vous avez vécu des traumatismes qui génèrent chez vous de l'anxiété et vous empêchent de faire des activités que vous faisiez avant, je vous encourage à consulter un professionnel de la santé.

MISSIONS DE LA SEMAINE

Faites les exercices de réflexion écrite de la semaine:

- Les habitudes de vie anxiogènes (p. 55)
- « Qu'est-ce qui va arriver si? » (p. 64)

Chaque soir, suivez ma prescription pour dormir comme un ange (p. 59).

Si vous avez vécu une situation traumatisante ou si une image anxiogène revient souvent dans votre tête, pratiquez l'hypnose magique chaque jour cette semaine, jusqu'à ce que l'image disparaisse (p. 69).

COMPRENDRE CE QUI ENTRETIENT L'ANXIÉTÉ

ANXIÉTÉ SAINE, ANXIÉTÉ PATHOLOGIQUE

LA MÉTAPHORE DU VÉLO

On pourrait comparer l'anxiété saine à une balade à vélo qui nous procure du plaisir: nous suivons des courbes, nous observons le paysage, nous surprenons les feuilles des arbres qui volent au vent, nous admirons les couleurs des saisons, nous ralentissons lorsque nous percevons un danger, puis nous reprenons de la vitesse. L'anxiété saine agit comme un frein que nous pouvons actionner quand cela est nécessaire, pour ralentir sans pour autant s'arrêter: nous réduisons la vitesse pour mieux évaluer ce qui se passe, puis nous accélérons à nouveau et poursuivons notre chemin.

Plus nous apprenons à gérer correctement l'anxiété, plus nous pouvons rouler vite et gravir de grosses côtes, plus nous avons confiance, plus nous avançons avec aisance et liberté.

Inversement, l'anxiété devient pathologique lorsque nous n'avons plus de plaisir et que nous restons figés à côté de notre vélo, en anticipant tout ce qui pourrait mal aller si nous montons dessus. Nous n'avançons plus, nous scrutons en boucle les freins, la chaîne, le guidon, en cherchant tout ce qui pourrait clocher. Nous ne sommes pas capables de nous remettre en selle.

Nous sommes complètement statiques, et nos muscles finissent par s'atrophier, ce qui nous empêche de nous mettre en mouvement. L'anxiété est alors problématique: elle devient paralysante, non aidante, et elle est souvent plus grave que la situation qui l'a déclenchée.

Quand nous avons vécu de l'anxiété pendant une bonne partie de notre vie, que nous avons scruté notre vélo plus souvent que nous l'avons enfourché, nos muscles sont affaiblis. Pour nous remettre à pédaler, nous devons reconstruire nos fibres musculaires. C'est en nous entraînant que nous arriverons à remonter sur le vélo, à nous remettre en mouvement, et à recommencer à prendre plaisir à la vie.

L'anxiété saine, c'est avoir du plaisir sur son vélo. Nous sommes en mouvement, nous continuons à avancer.

Il ne faut pas s'attendre à ce que notre balade à vélo soit toujours rose. Il y a parfois des moments difficiles, des jours de pluie, des plus grosses côtes à monter, des pics de stress physique et psychologique. Mais plus nous sommes entraînés, plus nous pouvons surmonter les difficultés.

Il est tout à fait normal d'avoir des journées où on se sent *down*, où les défis de la vie semblent impossibles à affronter. Mais on apprend à ralentir et à grandir, sans se stationner à côté de son vélo.

Notre défi: Devenir de plus en plus conscient des signaux de l'anxiété, et essayer de réaliser quand on commence à scruter son vélo plutôt que de l'utiliser.

Être raisonnablement anxieux dans certains contextes (entrevue, examen, performance artistique...), c'est normal et même souhaitable. C'est lorsque l'anxiété devient chronique et nuit à notre bon fonctionnement qu'elle devient pathologique. L'anxiété est alors paralysante et nous empêche d'avancer.

L'anxiété est malsaine lorsqu'elle est disproportionnée, c'est-à-dire lorsqu'elle apparaît dans des situations qui ne présentent pas de véritable danger ou de menace réelle. Si l'anxiété est extrême au point de nous empêcher de faire ce qui doit être fait, et qu'elle interfère avec notre qualité de vie, elle devient un problème. L'anxiété chronique peut être le signe précurseur d'une autre maladie mentale.

L'ANXIÉTÉ PATHOLOGIQUE

Est intrusive

Est persistante et semble omniprésente

Cause une détresse significative
ou nuit au fonctionnement de l'individu

Est perçue comme incontrôlable

Est excessive

QUELQUES EXEMPLES DE TROUBLES ANXIEUX OU APPARENTÉS[8]

TROUBLE D'ADAPTATION AVEC HUMEUR ANXIEUSE

Un ou des stresseurs précèdent l'anxiété - par exemple, une perte d'emploi, une séparation amoureuse, des soucis financiers, une situation d'intimidation au travail, etc.

TROUBLE D'ANXIÉTÉ GÉNÉRALISÉ (TAG)

L'anxiété et l'inquiétude excessives et incontrôlables apparaissent dans plusieurs situations et activités, et sont accompagnées d'au moins trois symptômes parmi les suivants : agitation ou sensation d'être survolté, fatigabilité, difficultés de concentration ou trous de mémoire, irritabilité, tensions musculaires et troubles du sommeil.

TROUBLE PANIQUE AVEC OU SANS AGORAPHOBIE

La préoccupation persistante ou les changements de comportements sont en lien avec la survenue récurrente d'attaques de panique inattendues, qui se produisent sans cause évidente. Une attaque de panique est une montée soudaine de peur ou de malaise intense qui atteint un pic en quelques minutes et durant laquelle quatre (ou plus) des symptômes suivants se produisent :

- *Peur de perdre le contrôle ou de « devenir fou »*
- *Peur de mourir*
- *Palpitations, battements cardiaques rapides*
- *Transpiration*
- *Tremblements ou secousses*
- *Sensation d'essoufflement ou d'étouffement*
- *Sensation d'étranglement*
- *Douleur ou inconfort thoracique*
- *Nausées ou inconfort abdominal*
- *Sensation de vertige, d'instabilité, d'étourdissement ou de faiblesse*
- *Frissons ou bouffées de chaleur*
- *Engourdissements ou picotements*
- *Sentiment d'être détaché de soi ou du monde*

Une attaque de panique peut se produire à partir d'un état de calme ou d'un état anxieux. Si vous vivez une attaque de panique, il se peut que vous hyperventiliez, ce qui entretient l'angoisse. Pour diminuer l'angoisse, pratiquez cette respiration aussi souvent que vous le souhaitez :

Respiration calmante :

INSPIREZ
4 secondes

RETENEZ VOTRE RESPIRATION
2 secondes

EXPIREZ
6 secondes

Répétez jusqu'à ce que vous vous sentiez calme

PHOBIE SPÉCIFIQUE

L'anxiété est provoquée par l'exposition à une chose ou à une situation redoutée, ce qui conduit à un comportement d'évitement - par exemple, arachnophobie (peur des araignées), acrophobie (peur des hauteurs), etc.

PHOBIE SOCIALE

La peur ou l'anxiété est marquée lors de situations sociales où l'individu peut être observé par les autres - par exemple, parler en public, rencontrer de nouvelles personnes, devoir manger devant les gens, etc.

TROUBLE DE STRESS POST-TRAUMATIQUE (TSPT)

Caractérisé par des flash-back involontaires et envahissants, des cauchemars, de la détresse psychologique, une hypervigilance, qui apparaissent après que l'individu ait été confronté à la mort ou à une menace de mort, à une blessure grave ou encore à une agression sexuelle.

TROUBLE OBSESSIONNEL-COMPULSIF (TOC)

La présence d'obsessions ou de compulsions récurrentes, suffisamment sévères pour entraîner une perte de temps et/ou un sentiment marqué de souffrance et/ou un impact négatif significatif dans le fonctionnement personnel et/ou social de l'individu. Une personne aux prises avec un TOC reconnaît, à un certain moment de l'évolution du trouble, le caractère excessif ou déraisonnable de ses obsessions ou de ses compulsions (egodystonie).

Lorsque j'avais un TOC, j'étais tout à fait consciente que mes rituels n'avaient aucun sens, mais c'était plus fort que moi, je devais les faire afin de réduire mon anxiété.

Notez que pour qu'un diagnostic soit posé, il convient de consulter un professionnel compétent, ce qui dépasse l'objectif de ce livre. Les définitions présentées ici sont simplifiées pour une meilleure compréhension.

Un diagnostic est quelque chose de statique, alors que l'être humain évolue.

Lorsqu'on s'identifie à un diagnostic, il est plus difficile de guérir, car celui-ci fait partie de notre identité.

Au lieu de dire « Je suis TAG », comme je l'entends souvent, remplacer ces mots par « Je vis de l'anxiété dans telles situations » change beaucoup l'identification au diagnostic.

Rappelez-vous que l'anxiété est une émotion normale ! Mais elle peut devenir pathologique lorsque plusieurs facteurs sont réunis.

« Les paroles que vous
prononcez deviennent la maison
dans laquelle vous vivez. »
- JOËL DUMAS

CE QUI ENTRETIENT L'ANXIÉTÉ

«Pourquoi ça ne s'arrête jamais dans ma tête?»

Les croyances non aidantes que nous entretenons face à l'anxiété la maintiennent bien en vie. Ces croyances, qu'elles soient de nature positive ou négative, l'alimentent même. Il en va de même pour certaines stratégies mentales ou comportementales non aidantes.

Lorsque j'avais un TOC, j'étais persuadée que le fait de m'inquiéter et de faire mentalement des plans d'évacuation en cas de feu dans la maison me protégeait, alors que cela ne faisait en réalité qu'augmenter mon anxiété.

CROYANCES POSITIVES NON AIDANTES

Lorsqu'on a des croyances positives face à l'anxiété, on attire l'anxiété vers soi. On l'apporte tout près de notre oreille comme un coquillage, et on l'écoute attentivement nous murmurer tout ce qu'elle veut. Comme si l'anxiété était une meilleure amie de laquelle on était possessif. On passe beaucoup de temps à entretenir des pensées anxiogènes parce qu'on pense à tort qu'elles nous aident.

Exemples de croyances positives non aidantes :

- M'inquiéter m'aide à trouver des solutions à mes problèmes. (En réalité, dans le moment présent, il n'y a pas de problème à résoudre. On anticipe une menace potentielle qui n'est pas arrivée.)
- M'inquiéter m'aide à me préparer au pire. (Repensez à l'exemple de William et des catastrophes naturelles de la p. 38.)
- M'inquiéter permet d'éviter que des choses négatives se produisent.
- M'inquiéter, c'est faire quelque chose. (Dans les faits, on est agité et nos actions ne sont pas constructives.)
- M'inquiéter montre que je prends soin des autres. (On s'inquiète pour les autres en s'imaginant que c'est pour les protéger.)

Lorsque j'étais enfant, ma nonna *(grand-mère italienne), une charmante petite dame de 4 pieds 10 et d'une bonté immense, s'inquiétait toujours pour nous. Ça me dérangeait et je le disais souvent à ma mère, qui me répondait : « C'est sa façon à elle de montrer qu'elle prend soin de vous. » Ma* nonna *a été anxieuse toute sa vie.*

EXERCICE

QUELLES CROYANCES POSITIVES NON AIDANTES ENTRETENEZ-VOUS ? QUELS EN SONT LES BIENFAITS ? S'AGIT-IL VRAIMENT DE BIENFAITS ?

CROYANCES NÉGATIVES NON AIDANTES

Un individu qui vit de l'anxiété peut aussi avoir le réflexe de la rejeter, de la trouver laide. Il voudra la voir disparaître tout de suite et à tout jamais, alors que c'est impossible. Nous entretenons la croyance selon laquelle l'anxiété est dangereuse et, surtout, qu'elle est incontrôlable.

Lorsque l'anxiété cogne à notre porte, qu'elle souhaite entrer dans notre maison et que nous la laissons dehors, elle cogne encore plus fort: «Laisse-moi entrer, j'ai un message à t'apporter. Je veux juste venir prendre un thé.» Lorsque nous repoussons l'anxiété, elle revient à la charge. Résultat: nous nous inquiétons encore plus.

Exemples de croyances négatives non aidantes:

- Je n'ai pas de contrôle sur mon anxiété.
- Lorsque je commence à m'inquiéter, je ne peux plus m'arrêter.
- Mes inquiétudes ne vont jamais s'arrêter.
- L'anxiété contrôle ma vie.
- Je ne peux rien faire pour stopper mon inquiétude.

EXERCICE

L'ANXIÉTÉ EST-ELLE VRAIMENT INCONTRÔLABLE ?

Si vous aviez l'impression de pouvoir contrôler vos inquiétudes, elles vous dérangeraient sans doute beaucoup moins, n'est-ce pas ? Pour changer votre croyance selon laquelle votre anxiété est incontrôlable, nous allons la mettre au défi !

Prenez d'abord le temps de répondre à ces questions en toute honnêteté :

- Qu'est-ce qui vous fait croire que vos inquiétudes sont incontrôlables ?
- Quelles preuves appuient votre croyance ?
- Vos preuves sont-elles bonnes, solides, fiables ?
- Pourriez-vous voir les choses autrement ?

Maintenant, mettez votre croyance au défi :

- Existe-t-il des preuves qui réfutent votre croyance ?
- Vos inquiétudes sont-elles parfois interrompues ? Y a-t-il des moments lors desquels vous n'avez pas d'inquiétudes ? (Par exemple, vous vous inquiétez par rapport à un dossier que vous devez remettre le lendemain, mais votre amie vous appelle et vous oubliez momentanément le dossier en question.)
- Certaines distractions arrivent-elles à vous faire oublier vos inquiétudes pour un court moment ? (Par exemple, lorsque vous allez voir un film ou prendre un verre avec un ami.)
- Si oui, qu'est-ce que cela vous dit à propos de votre croyance selon laquelle vos inquiétudes sont incontrôlables ?
- Donc, diriez-vous que vos inquiétudes cessent parfois ?
- Et, pour finir, la question à un million de dollars : Si vos inquiétudes sont incontrôlables, comment expliquez-vous qu'elles cessent parfois ? Ne devraient-elles pas continuer pour toujours si elles sont incontrôlables ?

ATTENTION NON AIDANTE

Les personnes anxieuses – et la plupart des êtres humains d'ailleurs – éprouvent de la difficulté à rester dans le moment présent et à évacuer les pensées anxieuses qui concernent le futur. Cela s'explique en grande partie parce qu'elles ne réalisent pas que leur attention est tournée vers l'avenir.

Lorsque que nous portons notre attention sur des pensées négatives qui reviennent en boucle dans notre tête, et que nous avons de la difficulté à nous en débarrasser, nous restons prisonniers de nos inquiétudes. Cela entretient l'idée que nous sommes incapables de les contrôler et renforce notre croyance négative selon laquelle l'anxiété est incontrôlable.

Pour briser le cercle vicieux des inquiétudes, nous devons entraîner notre attention à revenir dans le moment présent aussi souvent que nécessaire – parfois plusieurs fois par minute. La pleine conscience est un excellent entraînement de l'esprit pour se ramener à ce qui est important, l'ici et maintenant.

EXERCICE

POUR SE RAMENER DANS LE MOMENT PRÉSENT

Dans notre tête, nous retournons dans le passé ou nous nous projetons dans le futur. Mais en nous connectant à ce que nos sens perçoivent, ici et maintenant, nous nous ramenons instantanément dans le moment présent.

Fermez les yeux et percevez les sons autour de vous.

Accueillez-les avec bienveillance, sans jugement.

Bravo ! Vous êtes dans le moment présent.

Développer une relation saine avec l'anxiété, c'est ne plus en être possessif et ne plus la rejeter.

STRATÉGIES MENTALES NON AIDANTES

Nous utilisons plusieurs stratégies mentales pour tenter de faire disparaître notre anxiété qui, ironiquement, l'alimentent sans qu'on le sache.

Exemples de stratégies souvent contre-productives ou inefficaces:

- Vouloir supprimer la pensée anxiogène, se taper sur la tête et se répéter d'arrêter de s'inquiéter.
- Essayer de rationaliser les pensées anxieuses dans sa tête.
- Se distraire en tentant de se concentrer très fort sur autre chose (ce qui revient finalement à éviter le problème).
- «Penser positif», se dire que tout va bien aller (cela nous rassure souvent temporairement sans trop de conviction).

STRATÉGIES COMPORTEMENTALES NON AIDANTES

Nous employons également plusieurs stratégies comportementales pour tenter d'éliminer l'anxiété qui ont en réalité l'effet contraire.

Par exemple :

- Chercher une réassurance exagérée (appeler constamment des proches pour s'assurer qu'ils vont bien, ou pour leur parler de ce qui nous préoccupe).
- Rechercher de l'information de manière excessive (vérifier tout ce qui nous inquiète de manière approfondie sur Internet, alors que les sources y sont souvent contradictoires).
- Faire des *to do list* trop longues, qui se transforment en montagne trop haute à franchir et mène à la procrastination. Plus nous voyons la liste de tâches s'allonger, plus l'anxiété augmente et plus nous devenons paralysé, incapable de se mettre en action.
- Recourir aux drogues, à l'alcool ou à la nourriture pour « anesthésier » nos inquiétudes (l'apaisement est de courte durée et le contrecoup est violent).
- Éviter des situations qui déclenchent des épisodes d'inquiétude (passer son tour pour un projet au travail ou pour une conférence, éviter d'aller dans des événements).

Les stratégies mentales et comportementales qui visent à contrôler nos pensées fonctionnent rarement et sont toutes des formes de suppression de la pensée. Essayer de supprimer une pensée a habituellement l'effet contraire ! De quelles façons essayez-vous de stopper vos inquiétudes ?

EXERCICE

ESSAYEZ DE NE PAS PENSER À UN HIBOU ROSE POUR LES 60 PROCHAINES SECONDES.

(Vous voyez, c'est impossible de ne pas y penser!)

Notre cerveau a été construit pour détecter les dangers et pour assurer notre survie. Sa mission : nous protéger. Notre esprit est très agité. Nous avons plusieurs milliers de pensées par jour. Nous ne pouvons pas contrôler ce qui surgit dans notre tête. Il est certain que des pensées négatives vont survenir, et c'est parfaitement normal. Par contre, cela devient un problème lorsque nous commençons à donner beaucoup d'importance, de temps, d'énergie et d'attention à ces pensées, et que cela crée une spirale négative.

Il est inutile d'analyser chaque pensée anxieuse séparément pour la « régler ». Chez les personnes anxieuses chroniquement, dès qu'une inquiétude est résolue, une autre la remplace. C'est en comprenant les mécanismes qui alimentent les pensées anxieuses et l'anxiété que nous pouvons choisir d'agir différemment. Ça demande du courage, de la volonté et du travail, mais on peut y arriver.

Vous allez continuer d'avoir des pensées anxieuses de temps en temps, c'est normal. Ça m'arrive chaque jour. Mais en apprenant à réagir de façon plus efficace pour ne pas rester prisonnier de vos inquiétudes, votre anxiété va diminuer.

Notre première question « Qu'est-ce qui va arriver si... ? » n'est pas le problème. C'est notre manière d'y répondre qui entretient l'anxiété.

EXERCICE

POUR DÉVELOPPER SES POUVOIRS GRÂCE À L'EXERCICE DE LA PENSINE.

Avez-vous déjà essayé de repousser à plus tard vos inquiétudes ? (« Je n'ai pas le temps de penser à ça maintenant, mais je vais y revenir plus tard ! »)

Est-il possible que vos pensées soient contrôlables, mais que vous ne le sachiez pas encore ?

→

Dans la célèbre saga *Harry Potter*, on retrouve le sage professeur Dumbledore. Quand il a trop de choses en tête, il met ses pensées dans la pensine pour les revisiter plus tard, au besoin. Nous allons faire la même chose avec nos pensées anxieuses!

Grâce à l'exercice de la pensine, nous allons tenter de mettre notre inquiétude de côté (en *stand by*) pour un moment. On va lui dire: «Je t'ai entendue, mais je suis occupé pour le moment, je te reviens plus tard!» Avec cette approche, nous acceptons complètement la première pensée anxieuse ou la pensée du type «Qu'est-ce qui va arriver si...?», mais nous choisissons de ne pas y prêter attention pour l'instant.

Voici comment fonctionne cet exercice:

- Prendre conscience de la pensée qui nous inquiète, accepter qu'elle existe, sans se juger, sans se critiquer.
- Accueillir l'inquiétude avec bienveillance.
- La mettre dans la pensine, en se disant que nous allons y revenir plus tard.
- Essayer de ne pas anticiper le pire scénario et de chercher des solutions. Remettre à plus tard le moment de penser à nos inquiétudes.
- Si nous sommes capables de remettre la pensée qui nous inquiète à plus tard, cela signifie bien que nos inquiétudes ne sont pas incontrôlables!

Pour y arriver, il faut:

- **Se fixer un temps pour penser.**
  - Établissez un cadre autour de vos réflexions, comme si vous traciez un carré de sable avec des limites, pour qu'il n'y ait pas de sable partout dans votre cour.
  - Choisissez une heure, une durée et un lieu pour réfléchir à ce qui vous inquiète. Par exemple: «Au retour du travail, je vais prendre 15 minutes pour revenir sur les pensées anxieuses qui ont émergé aujourd'hui.»

- Essayez de conserver la même routine chaque jour. Par exemple, pendant 15 minutes, à 18 h, dans la cuisine.

- Ne faites pas cet exercice avant de dormir, car il pourrait vous causer de l'insomnie.

- **Mettre les inquiétudes dans la pensine.**

  - Quand vous vous surprenez à avoir des inquiétudes, dites-vous que c'est OK d'avoir cette pensée, mais que vous n'avez pas à vous en occuper pour l'instant, puis revenez dans le moment présent. **Acceptez la pensée initiale, ne la rejetez pas.** Observez-la simplement traverser le ciel de votre esprit. Acceptez le nuage qui passe.

  - Écrivez quelques mots au sujet de ce qui vous inquiète dans votre journal ou sur votre cellulaire.

  - Faites le choix conscient d'y revenir plus tard, pendant votre temps de réflexion.

  - Ramenez votre attention dans l'instant présent.

  - Les inquiétudes vont se représenter – cela ne veut pas dire que l'exercice de la pensine n'a pas fonctionné. Reprenez simplement les étapes décrites ci-dessus, et ce, aussi souvent que nécessaire.

- **Durant votre temps de réflexion.**

  - Pensez aux choses que vous avez notées seulement si vous sentez que c'est encore nécessaire. Ne vous occupez que des pensées qui ont encore un effet sur vous et qui vous préoccupent encore.

  - Essayez de respecter le temps que vous vous êtes alloué pour la réflexion, sans le dépasser.

  - Écrivez dans votre journal. Ne faites pas l'exercice dans votre tête, parce que cela risque de faire croître vos inquiétudes sans vous aider.

- **Après votre temps de réflexion.**

  - Faites une activité qui augmente votre niveau d'énergie. Vous pouvez d'ailleurs dresser une liste d'activités énergisantes dans votre journal, à laquelle vous pourrez vous référer en tout temps!

⟶

Si vos inquiétudes concernent :

- **Un problème qui peut être réglé.**
  - Résolvez le problème sur papier : Quel est le problème ? Quelles sont mes options pour y faire face ? Quel plan puis-je mettre en place ? Quelles actions puis-je poser ? Si vous vous limitez à brasser les pensées dans votre tête, vous allez simplement créer un effet anxiogène boule de neige, alors qu'en mettant tout cela sur papier, ce sera beaucoup plus clair.
- **Des événements futurs possibles sur lesquels vous n'avez aucun contrôle.**
  - Pratiquez les exercices de pleine conscience (comme celui de la p. 92) pour vous ramener dans l'ici et maintenant.
  - Si vous surréagissez sans avancer, demandez-vous : Quelle serait une façon plus aidante de penser à ça ? Que dirais-je à un ami qui penserait ainsi ?

Plusieurs pièges peuvent se mettre sur votre chemin :

- Avoir une attitude de non-acceptation, vous taper sur la tête et vous dire « Tais-toi, tais-toi, arrête de penser ! » Dites-vous plutôt : « Eh allô ! Je t'ai vue, pensée inquiète, mais je suis occupée, on se retrouve plus tard ! », « On se revoit à 18 h ! » ou encore « En *stand by* pour l'instant ! »
- Se dire qu'une fois dans la pensine, la pensée ne reviendra pas et abandonner l'exercice quand les pensées anxieuses reviennent. Une pensée peut réapparaître une fois, comme elle peut revenir 10 ou 100 fois. Vous n'avez aucune influence sur ce qui jaillit dans votre esprit. Par contre, vous pouvez changer votre manière d'y réagir. Vous devez vous attendre à ce que les pensées réapparaissent et accepter cet état de fait.
- Tenter de rationaliser une pensée inquiète lorsqu'elle apparaît. Lui donner du temps, de l'énergie et de l'attention ne fera que ramener cette pensée plus près de vous. Au contraire, reconnaissez plutôt la pensée, acceptez-la et désengagez-vous immédiatement en la mettant dans la pensine.

- Éviter le temps de réflexion. Tout évitement fait augmenter l'anxiété et les individus anxieux sont des champions de l'évitement. Je sais de quoi je parle, j'en faisais partie ! Certaines personnes anxieuses vont éviter le temps de réflexion parce qu'elles anticipent l'inconfort que cela va leur causer. Essayez le plus possible de respecter le temps de réflexion que vous vous êtes accordé. Et n'oubliez pas qu'il n'est pas nécessaire de repenser aux choses qui ne sont plus importantes à ce moment-là. Essayez d'aborder l'exercice de manière constructive.

Continuez d'appliquer ces techniques jusqu'à ce que vous soyez capable de retarder les pensées et de les mettre dans la pensine, et que vous ayez compris que vos croyances négatives non aidantes ne vous servent plus à rien.

Cela devrait vous démontrer que vos inquiétudes et votre anxiété sont contrôlables !

MISSIONS DE LA SEMAINE

Faites les exercices de réflexion écrite de la semaine :

- Les croyances positives non aidantes (p. 87)
- L'anxiété est-elle vraiment incontrôlable ? (p. 90)

Pratiquez chaque jour l'exercice de la pensine en instaurant un temps de réflexion. Utilisez votre journal ! (p. 99)

Revenez au moment présent. Dressez une liste d'activités quotidiennes à pratiquer en pleine conscience (prendre votre douche, vous laver les mains, faire la vaisselle, etc.). Pendant que vous faites cette activité, portez toute votre attention sur ce que vous êtes en train de faire. Chaque fois que des pensées anxieuses surgissent, observez-les, acceptez-les, et revenez à votre activité. Pendant tout ce temps, accordez une attention particulière à vos sensations corporelles et à vos sens. Utilisez vos sens comme portes d'accès au moment présent.

SEMAINE 4

APPRIVOISER LA PLEINE CONSCIENCE

L'évitement est un concept clé au cœur du maintien de l'anxiété. Pourtant, il est méconnu, ou souvent ignoré.

L'anxiété est souvent inconfortable. C'est une émotion que nous n'avons pas envie de ressentir, pas plus que ce qu'elle provoque en nous, physiquement et mentalement. Nous essayons donc de nous distraire et de l'éviter par les moyens les plus créatifs trouvés par notre cerveau.

Lorsque nous évitons l'anxiété, elle diminue momentanément (enfin, un petit soulagement!), mais seulement pour mieux revenir par la suite. C'est en se centrant sur le moment présent et en accueillant les émotions avec bienveillance que nous cessons l'évitement.

LES MÉCANISMES D'ÉVITEMENT

Quelques exemples :

- Surfer sur les médias sociaux et sur Internet, regarder des vidéos sur YouTube. Je vous invite à calculer le temps que vous passez chaque jour sur les médias sociaux. C'est un mécanisme d'évitement très anxiogène, car il nous amène à nous comparer à des gens dont nous jugeons la vie plus belle que la nôtre.
- Regarder des séries télévisées, des films.
- Contrôler sa nourriture, compter les calories.
- Avoir des compulsions alimentaires.
- S'entraîner trop intensément.
- Faire des achats compulsifs.
- Fumer du tabac.
- Fumer du pot (souvent une « automédication » rapportée par les patients).
- Consommer des drogues.
- Boire de l'alcool (cela peut calmer l'anxiété temporairement, mais il y aura un effet rebond par la suite).
- Avoir des rituels.
- Faire du ménage (malheureusement, je n'ai pas ce mécanisme !).
- Dresser des *to do lists.* (Les listes de choses à faire peuvent nous aider à clarifier notre esprit. Cependant, lorsqu'elles sont si longues que nous nous mettons à procrastiner - ce qui revient à éviter, elles deviennent problématiques et anxiogènes).
- Travailler trop.
- Lire des blogues ou des livres de développement personnel de manière excessive.
- Acheter plein de formations en ligne ou assister à des dizaines et des dizaines de formations sans appliquer les notions apprises.

EXERCICE

RECONNAISSEZ-VOUS CERTAINS DE VOS MÉCANISMES D'ÉVITEMENT PARMI CEUX ÉNUMÉRÉS ? EN AVEZ-VOUS D'AUTRES ?

Faites cet exercice de réflexion écrite dans votre journal. Essayez d'être honnête, car prendre conscience de vos mécanismes vous aidera à cesser d'éviter… et à réduire votre anxiété.

Plus nous évitons l'anxiété, plus elle augmente.

Lorsque j'étais en 2e année de médecine, je participais au défilé de mode des 2es, dans lequel j'étais impliquée à fond. Je faisais partie de sept chorégraphies, je pratiquais tous les jours, en plus des études. Insidieusement, une petite voix s'est mise à me chuchoter: «Il faudrait que tu maigrisses pour le défilé.»

Cette petite voix a pris de plus en plus de place dans ma tête et, petit à petit, j'ai commencé à changer mes habitudes: je mangeais une toast plutôt que deux au déjeuner, je mangeais un pamplemousse le midi parce que je n'avais «pas le temps» de manger. Je perdais du poids, sans m'en rendre compte, parce que j'avais «encore du gras de ventre à perdre».

Lorsque je suis retournée dans ma famille cet été-là, ma mère m'a touché le bras et m'a dit, avec un regard rempli de douleur: «Sophie, tu es tellement maigre. J'ai peur pour toi.»

La vérité, c'est que j'étais aux prises avec l'anorexie. Pendant des années, j'ai cherché des moyens de guérir. En vain. Je suis allée jusqu'en Inde en me disant: «Tous les dieux du yoga sont ici! Je vais finir par guérir.» J'ai récité un mantra indien une heure par jour pendant un an. J'ai fait du yoga intensément.

Mais je demeurais obsédée par mon image corporelle et par la nourriture.

Lorsque j'ai commencé ma résidence en médecine, mon niveau de stress a grandement augmenté. L'anorexie était devenue mon refuge, la façon que mon cerveau avait trouvée pour éviter l'anxiété que je vivais, et pour éviter le moment présent.

Pendant que je pensais à mon image corporelle ou à la nourriture, mon attention était déviée des préoccupations du quotidien: tous les patients à voir à l'urgence, toutes les notes médicales à écrire, toutes les nuits de garde sans sommeil, tout ce qui m'attendait à l'hôpital ce jour-là.

C'était mon mécanisme d'évitement.

Puis la maladie s'est aggravée, mon mécanisme me faisait plus de mal que de bien. Il m'a fallu atteindre le fond du baril, un baril aussi profond qu'un puits au milieu du désert, pour prendre conscience que je devais arrêter d'éviter.

Arrêter d'éviter l'anxiété, arrêter d'éviter la douleur et le moment présent. Arrêter de chercher à l'extérieur (dans la nourriture), et dans le futur («quand j'aurai terminé ma résidence, quand j'aurai perdu tout le gras de mon ventre, quand, quand, quand...»). Je devais revenir à l'intérieur.

Après avoir fait le tour du monde et mangé plus de toasts au Nutella en un mois que dans toute une vie, j'ai réalisé que la réponse se trouvait en moi. Le calme et la paix se trouvaient en moi. Dans les profondeurs de mon être.

J'ai accosté, enfin, à un port d'attache tranquille et sécuritaire, en moi. Un lieu auquel ma boussole peut me ramener à chaque instant.

Arrêter d'éviter, c'est le début de la liberté.

En nous ramenant dans le moment présent, nous arrêtons d'éviter la vie et l'anxiété.

QUE FAIRE LORSQUE NOUS NOUS RENDONS COMPTE QUE NOUS FAISONS DE L'ÉVITEMENT ?

- Pendant une semaine, surveillez vos mécanismes d'évitement. Je vous recommande d'en monitorer un à la fois.
- Lorsque vous vous surprenez en flagrant délit d'évitement, faites un « espace respiration » (p. 121) pour vous asseoir dans le moment présent avec votre anxiété et lui laisser la chance d'exister un moment.
- Prendre conscience est une sorte d'éveil, une promotion de la vie. Célébrez votre succès !

L'ESPACE RESPIRATION DE 3 MINUTES

C'est l'une des pratiques clés de la pleine conscience. Court et efficace, cet exercice se transporte n'importe où et peut être pratiqué à tout moment - à la maison, au bureau ou dans un parc. C'est un exercice de recentrement presque instantané, un exercice qui vous ramène dans l'ici et maintenant en quelques instants. Il permet d'accueillir l'anxiété et les émotions dans sa maison, sans qu'elles prennent toute la place.

Cette pratique nous permet de prendre conscience de notre expérience du moment présent dans son entièreté. Nous nous ramenons à notre souffle, pour ensuite étendre à nouveau le champ de notre conscience à la globalité de notre expérience.

EXERCICE

POUR PRATIQUER L'ESPACE RESPIRATION

1. Prendre conscience de tout ce qui se passe en vous.

2. Concentrer votre attention sur votre respiration.

3. Élargir votre conscience à l'ensemble de votre corps.

⟶

1re minute

PRENDRE CONSCIENCE DE TOUT CE QUI EST

Adoptez une posture assise confortable, digne, présente, puis fermez les yeux. Devenez pleinement conscient de tout ce qui se passe dans votre moment présent. Écoutez les sons qui vous entourent. Observez les pensées qui traversent votre esprit. Examinez les émotions qui vous habitent. Quelles sont vos sensations corporelles en ce moment ? Il se peut que vous notiez des sensations désagréables – acceptez-les, c'est comme ça en ce moment.

Au lieu de vouloir les éviter, les barricader à l'extérieur, laissez les émotions inconfortables entrer dans votre maison.

« Ha ! Vous êtes là, vous ! C'est parfait. Bienvenue chez nous. »

2e minute

PORTER ATTENTION AU SOUFFLE

Maintenant que vous avez une vision globale de votre moment présent, ramenez votre attention sur l'expérience de votre respiration. Observez vos mouvements respiratoires : votre ventre qui se gonfle lorsque vous inspirez et qui se dégonfle lorsque vous expirez. Portez votre attention sur les sensations que vous ressentez dans votre abdomen, respiration après respiration. Identifiez le moment où l'air entre dans votre corps et le moment où il en sort. Suivez votre souffle sur l'ensemble de son parcours. La respiration est votre ancrage au moment présent.

3e minute

ÉLARGIR LA CONSCIENCE

Étendez maintenant votre conscience à votre perception corporelle toute entière, comme si l'ensemble de votre corps respirait. Incluez toutes les sensations corporelles.

Lorsque vous fermez les yeux, il se peut que vous ressentiez des tensions, que votre esprit soit agité, que votre visage soit crispé. Vous vous sentez anxieux, votre respiration est courte. Cela dure peut-être depuis plusieurs heures. Simplement, maintenant, vous vous êtes arrêté et vous le réalisez. En revenant à votre respiration, vous retrouvez ce mouvement calme présent en vous. Lorsque vous étendez à nouveau le champ de votre conscience à l'ensemble de votre corps, il se peut qu'un sentiment de légèreté se manifeste. Tout semble plus clair autour de vous. Vous êtes sorti de l'automatisme et vous avez pris racine dans l'instant présent.

Quand vous êtes anxieux, il y a de fortes chances que vous viviez votre vie dans le futur. Votre mental est prisonnier de scénarios catastrophes, de choses terribles (ou non) qui pourraient arriver. Sans que vous en soyez conscient, votre corps est dans le moment présent, mais votre esprit est ailleurs. Les personnes anxieuses disent souvent qu'elles ratent ce qui se passe dans l'ici et maintenant.

L'anxiété est une messagère. C'est un peu comme une amie qui cogne à notre porte et qui veut prendre un thé avec nous pour un moment. Si on la laisse dehors, elle se met à cogner plus fort pour qu'on l'écoute. Quand on la laisse dehors, l'anxiété augmente. Grâce à l'espace respiration, on crée de la place afin que notre amie s'assoie avec nous un moment pour prendre le thé... Et ainsi, elle s'apaise.

LE PILOTE AUTOMATIQUE

« Beaucoup de gens sont prisonniers de leur mental à un point tel que la beauté de la nature n'existe pas réellement pour eux. Même quand ils disent : "Quelle belle fleur !", il s'agit seulement d'un étiquetage mental automatique. »

- ECKHART TOLLE

Lorsque nous sommes sur le pilote automatique, nous passons à côté de la vie en nous et autour de nous. C'est souvent une des plus grandes prises de conscience de mes étudiants de *mindfulness*.

Vous est-il déjà arrivé de conduire un long moment sur l'autoroute et de vous rendre compte, une heure plus tard, que vous étiez arrivé à destination sans réellement avoir vu la route ni avoir été présent à votre conduite ? Moi aussi ! Ça fait un peu peur quand on y pense, n'est-ce pas ?

C'est ainsi que nous passons la majeure partie de notre vie. Nous nous levons, nous prenons notre douche en pensant à la journée qui s'en vient, à tout le travail que nous avons à abattre, à cet examen qui a lieu dans deux semaines et qui nous rend anxieux… Nous mangeons nos céréales en nous concentrant sur les nouvelles à la télé ou sur notre cellulaire, plutôt que sur la nourriture qui se trouve devant nous. Nous nous habillons très vite, en craignant encore d'arriver en retard. Nous conduisons sans voir la route, réfléchissant à ce qui nous attend au travail. Nous marchons, pressés, sans même voir les arbres et les fleurs qui nous entourent, sans sourire aux passants que nous ne voyons pas, complètement perdus dans nos pensées. Et le reste de la journée se déroule de la même manière, sans habiter notre expérience du moment présent.

Nous pensons toujours au futur ou au passé, en oubliant le présent.

Sur le pilote automatique, la vie est anxiogène. Pourquoi ? Parce que, par réflexe et de manière inconsciente, nous entretenons une multitude de pensées anxieuses.

Le simple fait d'écrire ces lignes me rend anxieuse. Ma gorge se noue, mon pouls s'accélère, ma poitrine se serre, mes épaules se raidissent. J'ai passé plusieurs années à vivre comme ça, et il m'arrive encore parfois de mettre ma vie sur le pilote automatique. Heureusement, je parviens à m'en sortir plus rapidement. Se ramener dans le présent, c'est un défi de tous les instants, et un entraînement perpétuel.

Lorsque nous sommes sur le pilote automatique, nous sommes entièrement consommés par nos problèmes imaginés et imaginaires. Nous n'arrivons plus à voir plus loin que le problème lui-même. En revenant dans l'instant présent, le problème devient une petite bulle que nous sommes capables d'isoler de l'ensemble de notre expérience. Le défi reste réel, mais toutes les solutions se trouvent autour de lui. Nous sommes en mesure de voir la forêt, d'entendre les sons de la cascade qui coule, de sentir notre respiration. Nous sommes présents. Nous sommes vivants.

La pleine conscience nous aide donc à réaliser que nous sommes sur le pilote automatique, et elle nous donne l'occasion de nous en sortir. Prendre conscience de nos automatismes est le premier pas vers la liberté d'esprit. **Cela nous permet souvent de voir pour la première fois et de redevenir vivants et présents**.

En ce début de XXIe siècle, la planète semble s'éveiller tranquillement. Nous entendons de plus en plus parler de notions telles que le « moment présent » et la « pleine conscience ». Comme une feuille qui se déploie au printemps, cette énergie qui sommeillait paisiblement semble prête à s'éveiller.

Voici quelques témoignages au sujet du pilote automatique :

« Lorsque j'ai lu Méditer sans complexe, *le chapitre sur le pilote automatique m'a offert une de mes plus grandes prises de conscience. Vraiment ! J'ai déjà manqué des sorties d'autoroute en revenant du boulot parce que j'étais en mode pilote automatique. Depuis, j'essaie d'être plus consciente de ce qui m'entoure et je conduis souvent sans musique ou radio. Le réel défi est au boulot et après le boulot. Le* rush *familial nous ramène souvent au pilote automatique. »*

« J'ai toujours vécu sur le pilote automatique sans m'en rendre compte. On a tendance à tout faire rapidement et à tout anticiper sans réellement vivre le moment présent. Je suis championne à cet effet. Il y a quelques mois, comme je n'écoutais pas mon corps malgré tous les signaux reçus pendant des années (douleurs chroniques et stress intense, notamment), il a littéralement craqué. Je suis en arrêt santé depuis, tellement la souffrance remonte à loin. Je comprends depuis quelque temps qu'il s'agit du plus beau cadeau de ma vie. J'ai pris conscience que je vivais comme un robot, que je me conformais aux attentes de tout le monde (surtout au travail), mais jamais aux miennes. Prendre soin de moi, apprécier davantage le moment présent devient une priorité. »

EXERCICE

POUR SE SORTIR DU PILOTE AUTOMATIQUE

Que faites-vous sur le pilote automatique? Dans quels contextes vous retrouvez-vous le plus souvent dans cet état?

Deux questions peuvent vous aider à vous en sortir instantanément et à vous ramener dans le moment présent:

Qu'est-ce que je suis en train de faire maintenant?

Qui est en train de vivre cette expérience?

LA PLEINE CONSCIENCE

La méditation de pleine conscience n’est pas une solution miracle, un *quick fix*. C’est un entraînement qui n’est pas simple et qui exige une pratique régulière pour provoquer un effet bénéfique sur notre vie. Pour nous amener à vivre avec présence.

Une dizaine de minutes par jour vous permettra déjà de voir la différence!

COMMENT LA PLEINE CONSCIENCE NOUS AIDE-T-ELLE À SURMONTER L'ANXIÉTÉ ?

- En améliorant notre capacité à détecter où se trouve notre attention à chaque moment, et en nous faisant réaliser quand elle est prisonnière de pensées anxieuses.

- En redirigeant notre attention là où nous le souhaitons, dans le moment présent.

- En nous aidant à arrêter d'éviter et de supprimer les pensées. En laissant simplement les pensées aller et venir.

Vous remarquerez que votre mental continuera de bavarder. C'est tout à fait normal. Méditer, c'est identifier les moments où notre esprit est bavard, et simplement revenir à ce qu'on est en train de faire. Aussi souvent que nécessaire. Des dizaines, voire des centaines de fois par jour !

Si vous vous sentez frustré, cela signifie probablement que vous essayez de vider votre esprit. Essayer de créer le vide dans notre esprit est le meilleur moyen pour qu'il soit rempli ! Nous adoptons une attitude très critique envers nous-mêmes, alors que la pleine conscience nous invite à la bienveillance envers soi et à l'accueil, sans jugement, de ce qui est en nous.

Utilisez vos sens comme des portes d'entrée vers le moment présent pour vous ramener dans l'ici et maintenant.

EXERCICE

POUR PRATIQUER LA PLEINE CONSCIENCE

Portez attention à ce qui se passe dans votre moment présent, sans juger (observez votre respiration, vos sensations corporelles, vos pensées, vos émotions, etc.). La *mindfulness* consiste à prendre conscience du moment où nous dévions de l'ici et maintenant et à recentrer notre attention.

N'essayez pas de contrôler vos pensées anxieuses et de les faire disparaître. Laissez-leur plutôt de l'espace pour exister, et choisissez consciemment de rediriger votre attention sur le moment présent.

LA MÉDITATION SUR LE SOUFFLE

Cette forme de méditation est géniale parce qu'elle peut se pratiquer n'importe où, n'importe quand! C'est un entraînement concret pour sortir du pilote automatique et pour rester dans le moment présent.

Adoptez une position assise confortable et vigilante qui favorisera votre présence attentionnelle. Pressez les fesses dans le sol, et sentez votre colonne qui s'allonge vers le ciel. Laissez vos mains se poser dans la position qui vous semble naturelle. Laissez tomber le poids de vos épaules dans vos mains et le poids de vos jambes dans vos pieds. Si vous êtes assis sur une chaise, posez les deux pieds bien à plat au sol.

Normalement, la méditation sur le souffle se pratique en position assise afin de favoriser la vigilance et la présence, mais vous pouvez également la pratiquer debout, par exemple lorsque vous vous trouvez dans une file d'attente.

Est-ce que je peux méditer en position couchée? Vous pouvez tout faire, il n'y a pas de police de la méditation, mais je vous recommande sincèrement de le faire en position assise afin de favoriser l'état d'éveil. Si vous avez des contraintes physiques, vous pouvez ajuster votre posture avec des coussins ou un banc de méditation, ou encore vous placer en position semi-assise ou couchée.

Méditer, c'est arrêter d'éviter.

EXERCICE

POUR PRATIQUER LA MÉDITATION SUR LE SOUFFLE

Laissez votre souffle aller et venir naturellement, sans le contrôler, sans le modifier.

Observez les mouvements de votre abdomen, qui se gonfle et se dégonfle au fil des respirations.

Portez attention à l'air qui entre et sort de vos narines. Observez les sensations à l'intérieur de votre nez.

Suivez le souffle sur tout son parcours, des narines jusqu'à l'abdomen, et de l'abdomen jusqu'aux narines.

Vous observerez peut-être que votre mental se met à bavarder, rapidement, parfois incessamment. C'est complètement normal et c'est souvent ici que les gens abandonnent, en se disant qu'ils ne sont pas capables de méditer.

Mais persévérez et revenez simplement à votre respiration, aussi souvent que possible.

Au début de chaque séance de méditation, vous pouvez pratiquer quelques minutes de cohérence cardiaque en inspirant 5 secondes et en expirant 5 secondes, ou faire une respiration calmante en inspirant 4 secondes et en expirant 6 secondes.

Laissez ensuite votre souffle aller et venir naturellement.

MISSIONS DE LA SEMAINE

Faites les exercices de réflexion écrite de la semaine :

- Les mécanismes d'évitement (p. 113)
- Pour se sortir du pilote automatique (p. 130)

Pratiquez l'espace respiration trois fois par jour (p. 121).

Exercez-vous quotidiennement à la pleine conscience (p. 135).

Pratiquez la pleine conscience et revenez dans « l'ici et maintenant » en vous demandant plusieurs fois par jour « Qu'est-ce que je suis en train de faire en ce moment ? » Observez-vous en train de faire l'action que vous accomplissez.

Faites chaque jour une méditation sur le souffle de 10 minutes afin de vous entraîner à rester dans le moment présent (p. 138).

SEMAINE 5

MINDFUL STORMER ET RESTRUCTURER LA PENSÉE

LE
MINDFUL-
STORMING

Bien souvent, nous nous inquiétons à propos de problèmes potentiels qui ne sont pas encore arrivés. Nous croyons, à tort, que nous inquiéter revient à résoudre nos problèmes. Mais en réalité, s'inquiéter entretient l'anxiété.

La résolution de problèmes est un processus constructif qui nous éloigne de l'anxiété générée par l'inquiétude. Et vous êtes maintenant prêt à essayer le mindfulstorming, votre résolution de problèmes consciente!

On ne peut tenter de résoudre que des problèmes qui sont bien réels. Avant de tester le mindfulstorming, vous devez donc vérifier si vos problèmes en sont réellement, ou s'ils sont plutôt des inquiétudes.

PROBLÈMES OU INQUIÉTUDES ?

PROBLÈMES

PEUVENT
ÊTRE RÉSOLUS

Mon vélo est brisé,
je dois le faire réparer.

-

La chasse d'eau ne
fonctionne plus.

-

Notre vol a été annulé
et nous devons trouver
un autre billet d'avion.

-

Il n'y a plus rien à manger
dans le frigo.

-

Je dois payer une tonne de
factures et je n'ai pas assez
d'argent dans mon compte.

INQUIÉTUDES

NE PEUVENT
ÊTRE RÉSOLUES

Mon enfant pourrait
avoir un accident.

-

Je pourrais échouer à
mon examen.

-

L'avion pourrait s'écraser.

-

Je pourrais perdre
mon portefeuille et toutes
mes cartes.

-

Je pourrais perdre ma *job*
et me retrouver à la rue.

-

Je pourrais avoir un cancer.

S'inquiéter est vain : c'est souffrir et perdre un temps de vie précieux.

EXERCICE

PARMI VOS INQUIÉTUDES, LESQUELLES SONT LIÉES À DES PROBLÈMES POUVANT ÊTRE RÉSOLUS ? LESQUELLES NE LE SONT PAS ?

Notez-les dans votre journal,
en deux colonnes.

« J'ai eu beaucoup de problèmes dans ma vie dont la plupart ne sont jamais arrivés ! »

- MARK TWAIN

Le problème à régler
est-il bien réel?

OUI

Ce qui doit être réglé se
passe-t-il maintenant?

OUI

Est-ce un problème sur
lequel je peux avoir un
certain contrôle?

OUI

FAIRE UN MINDFULSTORMING

NON

METTRE L'INQUIÉTUDE DANS LA PENSINE OU S'EXERCER AU LÂCHER-PRISE PAR LA PLEINE CONSCIENCE

POUR MINDFULSTORMER :

Étape 1 - IDENTIFIER ET DÉFINIR LE PROBLÈME

- Définissez le problème clairement.
- Soyez objectif et précis à propos du comportement, de la situation, du *timing,* des circonstances qui en font un problème.
- Décrivez le problème en termes d'éléments observables plutôt qu'à partir de sentiments subjectifs.

Étape 2 - GÉNÉRER DES SOLUTIONS, DES OPTIONS POSSIBLES

- Écrivez toutes les solutions possibles, sans vous censurer. Soyez créatif.
- Éliminez les solutions les moins désirables ou celles qui ne sont pas raisonnables.
- Réécrivez les meilleures options.

Étape 3 - ÉVALUER LES DIFFÉRENTES SOLUTIONS

- Faites un tableau avec les avantages et les inconvénients des différentes solutions trouvées.
- Méditez pour visualiser ! Vous pouvez faire un espace respiration en visualisant chacune des solutions, et voir celle qui vous apporte le plus grand sentiment de bien-être et qui semble la plus alignée sur vous et vos valeurs.
- Choisissez l'option selon votre intuition.

Étape 4 - CHOISIR UN PLAN

- Choisissez un ou plusieurs plans (Qui fera quoi et quand ?).
- Établissez un plan qui réduira vos inquiétudes et votre anxiété.

Étape 5 - METTRE LE PLAN EN ACTION

Étape 6 - ÉVALUER LE RÉSULTAT

CONSEILS POUR UN MINDFULSTORMING EFFICACE

- Pour faire un mindfulstorming efficace, vous devez être présent et en forme. La résolution de problèmes demande du temps, de l'énergie, de l'attention et de la concentration.

- Gardez le mindfulstorming pour le moment de votre journée que vous aurez réservé à la réflexion.

- «Mindfulstormez» sur un problème à la fois. Ne tentez pas de trouver des solutions à tous vos problèmes en même temps.

- Utilisez du papier et un crayon! N'essayez pas de résoudre un problème dans votre tête. Les choses deviendraient encore plus confuses, et tout cela vous rendrait plus anxieux. Tout s'éclaircit lorsqu'on couche les choses sur papier.

En mai 2018, j'étais sur le point de lancer mon programme de pleine conscience en ligne. Tout mon matériel de cours et toute ma promo étaient préparés avec l'ancien nom de mon programme que j'adorais. Les participants s'y étaient attachés. C'est alors que, assise sur le divan de mon petit salon, j'ai reçu un message d'une avocate, me demandant d'arrêter d'utiliser le nom en question, car il s'agit d'une marque déposée.

Je commence à paniquer. Premièrement, tout le matériel pour mon lancement est prêt et il m'a coûté très cher. Deuxièmement, j'adore le nom que j'ai choisi, et je suis tellement en colère de ne plus pouvoir l'utiliser. Pendant trois bonnes heures, je tourne et retourne la situation dans ma tête de manière non productive. L'anxiété ne fait qu'augmenter.

Ici, il y a un vrai problème à résoudre: mon programme sera lancé la semaine prochaine, et je dois changer le nom du programme, tout le matériel du cours et le matériel promotionnel.

Je décide donc d'aller au spa pour me déposer et laisser émerger une solution à ce problème. C'est quelque chose que je fais souvent pour clarifier mon esprit, me connecter à mon intuition et brainstormer dans un espace plus calme qu'agité.

Au spa, je fais un cycle chaud-froid ainsi qu'une petite méditation pour faire un reset. *Lors de mon deuxième cycle, je décide de faire du mindfulstorming pour trouver le nouveau nom de mon programme. Je me donne comme objectif d'y arriver avant de sortir du spa.*

Je prends alors mon journal (que je traîne toujours avec moi) et j'écris spontanément tout ce qui me passe par la tête. J'essaie de trouver des idées qui s'opposent, des mots qui marquent. Des dizaines de mots apparaissent sur les pages.

C'est alors que, dans cet espace de calme, apparaît dans ma tête le visage de Jeanne, ma «maman brésilienne». Je nous revois ensemble au sommet d'une favela à Rio, et elle me dit : «La méditation, c'est comme la mafia, ça se répand partout.»

Mafia. C'est osé.

Mindfulness. *Ma mission de vie que de l'enseigner, la propager.*

Mindful Mafia.

J'écris d'autres choses sans intérêt. Et reviennent ces deux mots: Mindful Mafia. Ça fite avec mon nom en plus! Et mon petit côté italien! Je sens un feu qui s'anime en moi: «C'est ça!»

C'est grâce au mindfulstorming au spa (ou spastorming!) qu'est née la Mindful Mafia, mon bootcamp de pleine conscience en ligne, qui, à ce jour, a déjà transformé la vie de centaines de personnes. À partir d'un moment d'anxiété où j'avais un problème réel, le mindfulstorming m'a aidée à trouver une solution alignée à mes besoins.

LA RESTRUCTURATION COGNITIVE

Confronté à une même situation, chaque individu réagit différemment. Ce n'est pas la situation dans laquelle vous vous trouvez qui détermine comment vous vous sentez, mais les pensées, les significations et les interprétations qui émergent de cette situation.

Nos pensées ont un impact direct sur la manière dont nous nous sentons. Lorsque nous sommes anxieux, nous entretenons souvent des pensées négatives qui nous font nous sentir mal.

Nous allons donc tenter de restructurer nos pensées et de voir l'effet qu'elles ont sur notre façon de nous sentir.

POUR RESTRUCTURER LA PENSÉE

Étape 1

Choisissez une situation qui vous inquiète et qui revient souvent dans votre tête. Nommez cette situation et décrivez-la.

Exemple: J'ai peur d'échouer à l'examen final de mon bac. Il me reste seulement deux jours pour étudier. La quantité de matériel à apprendre me semble infinie.

Étape 2

Dressez la liste des inquiétudes qui montent en vous lorsque vous pensez à cette situation.

Exemple: Si j'échoue, je ne pourrai pas commencer à travailler. Je devrai attendre plusieurs mois avant de pouvoir repasser cet examen, je vais oublier tout ce que j'ai appris. Je serai la honte de mon programme. Je ne pourrai jamais sentir que je suis compétente. Je ne pourrai pas rembourser mes dettes d'études. Qu'est-ce que je vais faire?

Étape 3

Déterminez les émotions que vous vivez. Attribuez un pourcentage à chaque émotion.

Exemple: Anxiété - 90%, tristesse - 30%

Étape 4

Établissez des façons plus aidantes de considérer la situation. Que pouriez-vous dire à un proche qui ressentirait la même chose? Quelles pensées plus saines et équilibrées pourraient remplacer vos inquiétudes?

Exemple: Je réussis toujours mes examens. J'ai toujours des bonnes notes et je n'ai jamais échoué. Je suis bien préparée, j'ai bien étudié. J'ai fait tout ce que je pouvais et je sais au fond de moi que je vais réussir, car je réussis toujours.

Étape 5

Revisitez vos émotions après avoir restructuré vos pensées. Attribuez un pourcentage à chaque émotion.

Exemple: Anxiété - 10%, tristesse - 0%

EXERCICE

Dans votre journal, exercez-vous à la restructuration cognitive en réalisant les 5 étapes décrites.

Faites l'exercice pendant vos temps de réflexion plutôt qu'au moment où vous captez une pensée anxieuse. (Si vous le faites sur le moment et dans votre tête, il s'agira plutôt d'une forme de rationalisation.)

Ne faites pas de la restructuration cognitive dans votre tête, car cela n'aura pas le même effet. Prenez le temps de la faire par écrit, ce qui aura des retombées positives plus grandes.

MISSIONS DE LA SEMAINE

Faites les exercices de réflexion écrite de la semaine :

- Problèmes ou inquiétudes ? (p. 148)
- Pour mindfulstormer (p. 152)
- Pour restructurer la pensée (p. 158)

Cette semaine, pratiquez le mindfulstorming une fois et la restructuration cogitive à tous les jours.

SEMAINE 6

SE LIBÉRER DE L'INQUIÉTUDE

Comme nous l'avons vu précédemment, les personnes qui souffrent d'anxiété croient souvent que le fait de s'inquiéter peut les aider. Mais l'idée selon laquelle l'inquiétude est positive est justement ce qui la déclenche. Et ainsi, nous continuons de nous inquiéter parce que nous sommes convaincus que c'est bon pour nous !

Mais vous êtes désormais prêt à déconstruire ces croyances ! Le processus est peut-être déjà enclenché grâce au cheminement des dernières semaines, mais je vous encourage quand même à faire l'expérience proposée.

PETIT RAPPEL SUR LES CROYANCES QUI ENTRETIENNENT L'ANXIÉTÉ

- Si je continue de m'inquiéter, rien de négatif ne m'arrivera et je serai protégé.
- M'inquiéter m'aide à résoudre des problèmes.
- M'inquiéter me prépare à toute éventualité.
- Quand je m'inquiète, au moins je fais quelque chose.
- M'inquiéter montre que je me soucie des autres.

Deux solutions s'offrent à vous pour modifier ces croyances :

- Les mettre à l'épreuve.
- Vous amuser et faire des expériences : si vous êtes capable de vous prouver que vos croyances ne sont pas vraies et qu'en fait, elles ne présentent aucun avantage, vous aurez moins de mal à vous en débarrasser.

Plus on croit que s'inquiéter est bon pour soi, plus on continuera de s'inquiéter !

EXERCICE

POUR SE LIBÉRER DE L'INQUIÉTUDE

Répondez aux questions suivantes dans votre journal.

- **Qu'est-ce qui me permet de croire que l'inquiétude m'aide ?**

  Exemple : Ça me permet de prévoir ce qui pourrait arriver, d'anticiper la réaction des gens et de savoir quoi leur répondre. Ça me permet de résoudre des problèmes dans ma tête et ça me donne l'impression d'être productive. Mais finalement, je deviens simplement plus anxieuse. Les scénarios que je me fais dans ma tête ne se produisent jamais. Je m'inquiète souvent pour rien et je perds mon temps. Et si j'y pense bien, je ne suis pas vraiment plus productive, parce que je passe beaucoup de temps à prévoir le pire et à essayer d'y réagir. Et quand je me fais des scénarios, ça ne se passe au final jamais de la sorte dans la réalité.

- **De quelles preuves je dispose ?**

  Exemple : À l'université, j'étais vraiment anxieuse avant mes examens et je m'inquiétais beaucoup. Ça m'aidait à avoir de bons résultats. Je suis sûre que c'est pour ça que j'ai eu une super bonne moyenne ! Mais peut-être que finalement, ce qui m'aidait à avoir de bonnes notes, c'était d'avoir bien étudié ? Je me souviens de plusieurs fois où la veille d'un examen, je suis sortie danser sans m'inquiéter, car j'avais déjà assez étudié. Peut-être que le fait de m'inquiéter n'est pas vraiment ce qui m'aidait à réussir au final ?

- **Suis-je capable de décrire précisément en quoi l'inquiétude m'aide ? Qu'est-ce qui me prouve que mes croyances sont bonnes, solides, fiables ?**

  Exemple : J'ai vraiment l'impression que le fait de m'inquiéter nous protège, ma famille et moi, de ce qui pourrait mal aller. Mais je n'ai pas vraiment de preuves et je pense que c'est plus une superstition qu'autre chose.

- **Certaines situations m'ont-elles déjà démontré que mes croyances ne me servaient pas?**

  Exemple: Souvent, je m'inquiète de perdre quelque chose. Je me dis: «Il ne faut pas que je perde mon porte-monnaie.» Je me mets à m'inquiéter par rapport à ça, et je me sens mal. Et le lendemain, je perds mon porte-monnaie! Finalement, m'inquiéter ne me protège pas vraiment!

- **Dans quel but est-ce que je m'inquiète? Le fait de m'inquiéter me permet-il réellement d'atteindre ce but? Puis-je l'atteindre sans m'inquiéter?**

- **Est-ce vraiment le fait de m'inquiéter qui m'aide ou autre chose?**

  Exemple: C'est le fait d'étudier qui m'a permis d'avoir de bons résultats et non le fait de m'inquiéter.

- **Y a-t-il des situations pour lesquelles je ne me suis pas inquiété et lors desquelles les choses ont quand même bien tourné?**

  Exemple: Oui! Pendant mes deux dernières années d'études, la veille de mes examens, j'en profitais toujours pour aller danser, stimuler mon énergie et vivre le moment présent. Et j'avais toujours de bons résultats à mes examens.

- **Inversement, y a-t-il des situations pour lesquelles je me suis inquiété, et lors desquelles les choses ont empiré?**

  Exemple: Les journées de garde dans le Grand Nord pendant lesquelles je m'inquiète sont toujours celles où il se passe le plus de catastrophes. On dirait que je les attire. C'est pourquoi, j'essaie toujours d'être à l'affût de mes pensées et de mon état émotionnel durant mes gardes.

- **Quelle conclusion puis-je en tirer?**

  Exemple: Je me sens anxieuse, je ressens un malaise intérieur, je deviens irritable avec ma famille, je n'arrive pas à profiter du moment présent et j'ai l'impression de passer à côté de ma vie. Bref, je ne me sens jamais vraiment bien parce que je pense toujours au futur! Ce n'est pas vraiment utile finalement!

Il y a une différence entre s'inquiéter (entretenir des pensées anxieuses à propos d'une situation négative qui va peut-être se produire) et tenter de résoudre des problèmes (des problèmes réels, présents).

•

EXERCICE

•

LA TECHNIQUE + OU -

Cet exercice est un peu contre-intuitif, voire inconfortable, mais essayez-le. Vous serez probablement réticent au départ, mais par la suite, vous réaliserez que cela vous aide à modifier la vision que vous avez de vos inquiétudes. Après tout le travail déjà accompli, vous êtes prêt!

Vous allez volontairement diminuer ou augmenter vos inquiétudes, puis observer ce qui se passe dans chaque situation.

→

Chaque jour cette semaine, vous allez soit diminuer, soit augmenter volontairement vos inquiétudes. Notez vos impressions dans un tableau similaire à celui de la page ci-contre.

Jour 1 ⊖

Essayez de ne pas vous inquiéter ou de vous inquiéter un minimum pendant toute la journée, en reportant vos inquiétudes au lendemain. Mettez toutes les inquiétudes qui vous viennent à l'esprit dans la pensine, et repoussez-les jusqu'à votre temps de réflexion du lendemain.

Jour 2 ⊕

Augmentez vos inquiétudes et revisitez votre vieille habitude de vous inquiéter à propos de tout et de rien. Utilisez les inquiétudes de la veille et celles du jour, et alimentez ces pensées anxieuses pour un effet boule de neige.

Jour 3 ⊖

Reportez les pensées anxieuses à plus tard, mettez-les dans la pensine.

Jour 4 ⊕

Augmentez vos inquiétudes.

Et ainsi de suite, pendant 7 jours.

PRÉDICTION 1

Qu'arrivera-t-il, à votre avis, lors des jours où vous vous inquiétez davantage?

PRÉDICTION 2

Qu'arrivera-t-il, à votre avis, lors des jours où vous ne vous inquiétez pas?

JOUR 1 ⊝

Que s'est-il passé aujourd'hui ?

Comment vous êtes-vous senti ?

Quelles sont les choses positives qui sont arrivées ?

Avez-vous vécu des choses négatives ? Si oui, lesquelles ?

Avez-vous bien géré les défis et les problèmes qui sont survenus ?

Avez-vous accompli des choses ?

Quels ont été vos succès ?

LES SCÉNARIOS CATASTROPHES

Nous avons tendance à croire que les scénarios que notre mental imagine sont réels, alors que chaque jour, nous avons la preuve que ce que nous croyons n'est pas toujours (et même presque jamais!) vrai. Les pensées ne sont pas des faits!

L'histoire se passe au fin fond de l'Éthiopie, dans une tribu très éloignée qui vit dans un petit village de huttes en terre et en paille. Un enfant est mort à l'hôpital local et le village est en deuil. Mes collègues et moi dormons dans une école désaffectée en dehors du village, sous des moustiquaires suspendues aux fenêtres cassées, nos sacs de couchage à même le sol dur. Une odeur d'urine flotte dans l'air de ce bâtiment où les enfants ont l'habitude de venir jouer. Des bruits sourds réveillent Emma et Jessica au milieu de la nuit. Puis elles entendent des coups de machette tout près de l'école où nous sommes.

Emma est terrorisée sous sa moustiquaire. Elle se dit: «Ça y est, la tribu vient nous assassiner!». Jessica est effrayée et se joue un scénario différent en silence dans sa tête: «Une autre tribu est venue attaquer le village! On est isolées, sans défense. Qu'est-ce qu'il va nous arriver?!». Jessica réveille Magali, qui se dit: «C'est sans doute un lion qui se promène autour du village! On va se faire manger et personne ne va venir nous sauver.» Elles sont toutes les trois restées éveillées très longtemps, avec leur scénario tragique qui se répétait en boucle dans leur tête.

Trois scénarios effrayants... et bien loin de la réalité!

Pendant ce temps, je dormais profondément avec des bouchons dans les oreilles... tandis que les membres de la tribu célébraient le rite mortuaire de l'enfant décédé ce jour-là.

Cette anecdote illustre bien à quel point nos pensées ne sont pas des faits, et à quel point notre cerveau est créé pour détecter (et parfois inventer) des menaces dans le but d'assurer notre survie, même si la plupart du temps, aucun danger réel ne nous guette.

EXERCICE

POUR EN FINIR AVEC LES SCÉNARIOS CATASTROPHES

Répondez aux questions suivantes dans votre journal.

- **Décrivez une situation qui vous a préoccupé dans le passé.**

  Exemple : Avant la publication de mon premier livre, Méditer sans complexe, *j'avais peur du jugement de mes collègues médecins et du milieu du bien-être, même si je savais qu'il allait faire beaucoup de bien aux gens qui le liraient.*

- **Qu'allait-il arriver à votre avis ? Écrivez tout ce qui vous est passé par la tête, tous les scénarios possibles.**

  Exemple : J'avais peur de recevoir des messages négatifs de la part de mes collègues et que cela fasse la manchette.

- **Que s'est-il réellement passé au final ? Tenez-vous en aux faits.**

  Exemple : Finalement, plus de deux ans après la publication, je n'ai eu que des retours positifs de mes collègues professionnels de la santé et du monde du bien-être, du yoga et de la méditation. Des professeurs de yoga ont même placé mon livre dans leur studio et le recommandent à leurs étudiants. À la suite de la lecture du livre, des médecins et autres professionnels de la santé ont joint la Mindful Mafia.

- **Comparez ce qui vous faisait peur et ce qui s'est produit.**

  Exemple : Je n'ai reçu aucune critique négative et le livre a été accueilli avec beaucoup de bienveillance et d'amour par mes pairs.

- **Quelles conclusions pouvez-vous en tirer ? Que pouvez-vous apprendre de tout ça ?**

LA PLEINE CONSCIENCE ET LES PENSÉES

La pleine conscience peut grandement nous aider à réaliser quelles pensées traversent notre esprit et à nous en désengager. Grâce à la pleine conscience, nous devenons l'observateur de nos pensées.

Si vous fermez les yeux et que vous tentez d'observer vos pensées, il se peut qu'aucune ne se présente. En effet, c'est lorsque vous perdrez votre vigilance que votre mental se mettra à bavarder. Les pensées sont des phénomènes éphémères de l'esprit, qui vont et qui viennent. Elles ne représentent pas l'entièreté de votre expérience, mais comme nous l'avons vu, elles peuvent grandement affecter les émotions et la perception d'une situation.

Le mental bavarde sans cesse. Essayer de «calmer son esprit» fonctionne rarement (et entraîne généralement des frustrations!). Il s'agit d'une tentative de suppression des pensées... qui reviendront toujours au galop. La pleine conscience permet de laisser les pensées apparaître, puis disparaître, sans s'y accrocher, sans les juger, avec compassion. Les pensées inquiètes continueront d'apparaître, et votre mission sera de les observer sans vous y agripper, pour ensuite les laisser partir.

Observez les pensées, comme des oiseaux ou des nuages qui traversent le ciel de votre esprit : laissez-les aller et venir... sans vous y accrocher.

EXERCICE

LA MÉDITATION SUR LES PENSÉES

→

L'objectif de cet exercice est de vous détacher de vos pensées et de réaliser que ces dernières ne représentent pas la réalité. En pratiquant cette méditation quotidiennement, vous vous libérerez de vos pensées.

1. Assoyez-vous dans une position confortable et présente.

2. Fermez les yeux.

3. Prenez quelques respirations conscientes.

4. Laissez venir à votre conscience les pensées qui traversent votre esprit.

5. Vous remarquerez peut-être que lorsque vous êtes à l'affût de vos pensées, aucune ne se présente. En effet, tant que vous resterez vigilant, aucune pensée ne se dévoilera. Mais soyez patient ; très rapidement, vos pensées referont surface !

6. Il est aussi possible que votre esprit soit très agité. C'est normal. Ne vous jugez pas. C'est inconfortable et cela donne l'impression de ne pas « réussir ». Mais si vous privilégiez l'observation, vous y arriverez.

7. Pour vous aider, vous pouvez visualiser vos pensées comme des nuages ou des oiseaux qui apparaissent dans le ciel bleu de votre esprit, puis disparaissent, simplement, comme elles sont arrivées.

8. Vous pouvez également voir vos pensées comme des mots qui sont projetés sur un écran de cinéma, puis qui disparaissent. Observez les pensées apparaître et disparaître, sans les juger.

9. Observez si certaines pensées entraînent des ruminations prolongées.

10. Prenez un moment pour noter vos observations : Vous accrochiez-vous à certaines pensées ? Certaines revenaient-elles sans cesse ?

Lorsque le mental est très bavard, la méditation sur les pensées peut générer de l'anxiété. Le cas échéant, et si cela perdure, optez plutôt pour la méditation sur la respiration, puis réessayez la méditation sur les pensées à l'occasion.

MISSIONS DE LA SEMAINE

Faites les exercices de réflexion écrite de la semaine :

- Pour se libérer de l'inquiétude (p. 168)
- La technique + ou - (p. 173)
- Pour en finir avec les scénarios catastrophes (p. 177)

Une fois par jour, pratiquez la méditation sur les pensées (p. 182).

SEMAINE 7

ACCEPTER L'INCERTITUDE

L'INCERTITUDE ET L'ANXIÉTÉ

Je travaille comme médecin dans le Grand Nord et en plus, je gère mon entreprise de bien-être en ligne. Cela me demande beaucoup d'organisation, et je construis souvent mon horaire un an à l'avance. Récemment, alors que mon année était bouclée (je savais exactement quand je serais au nord, quand je serais au sud, à quels événements je devais participer), on m'apprenait qu'une nouvelle personne allait joindre les rangs l'équipe médicale à Salluit... Cette bonne nouvelle venait possiblement chambouler tout ce qui était programmé dans ma tête et dans mon agenda. Je me suis mise à m'inquiéter, à me faire plein de scénarios mentaux. Je focalisais sur le futur, projetant la frustration que j'allais vivre de ne pas être au sud quand c'était nécessaire, etc. Le fait de m'inquiéter me donnait l'impression momentanée d'avoir plus de certitude et de contrôle dans ma vie, alors que ce n'était pas le cas et que cela générait plutôt de l'anxiété, de la frustration et un malaise.

APPRENDRE À TOLÉRER L'INCERTITUDE

Accepter l'incertitude représente un défi de taille, mais c'est indispensable, car notre besoin de certitude entretient notre anxiété. L'intolérance à l'incertitude est assez répandue. Les personnes concernées l'évitent à tout prix. Elles ont aussi de la difficulté à mettre un plan en action sans savoir d'avance quelle en sera l'issue. Elles auront tendance à faire ce genre de commentaires :

- *Je suis incapable d'ignorer ce qui va arriver, d'être dans l'inconnu.*
- *Je sais que les chances que ça arrive sont minces, mais ça pourrait quand même arriver. Je dois être sûre à 100 % que ça ne se produira pas.*
- *Je préfère que quelque chose de négatif arrive maintenant plutôt que de continuer à ignorer ce qui se passera.*

Comme nous l'avons vu ces dernières semaines, plusieurs personnes pensent que le fait de s'inquiéter leur permet de se préparer au pire. J'espère que la lecture de ce livre vous a aidé à briser cette croyance.

Entretenir cette idée nous pousse à continuer à nous inquiéter lorsque nous vivons des incertitudes, car cela nous donne l'impression de les calmer. S'inquiéter ainsi, en faisant baisser momentanément le degré d'incertitude, fait en sorte que nous continuons de nous inquiéter, encore et encore. C'est un cercle vicieux.

Le fait de nous inquiéter nous donne l'impression d'avoir plus de contrôle sur les incertitudes de nos vies.

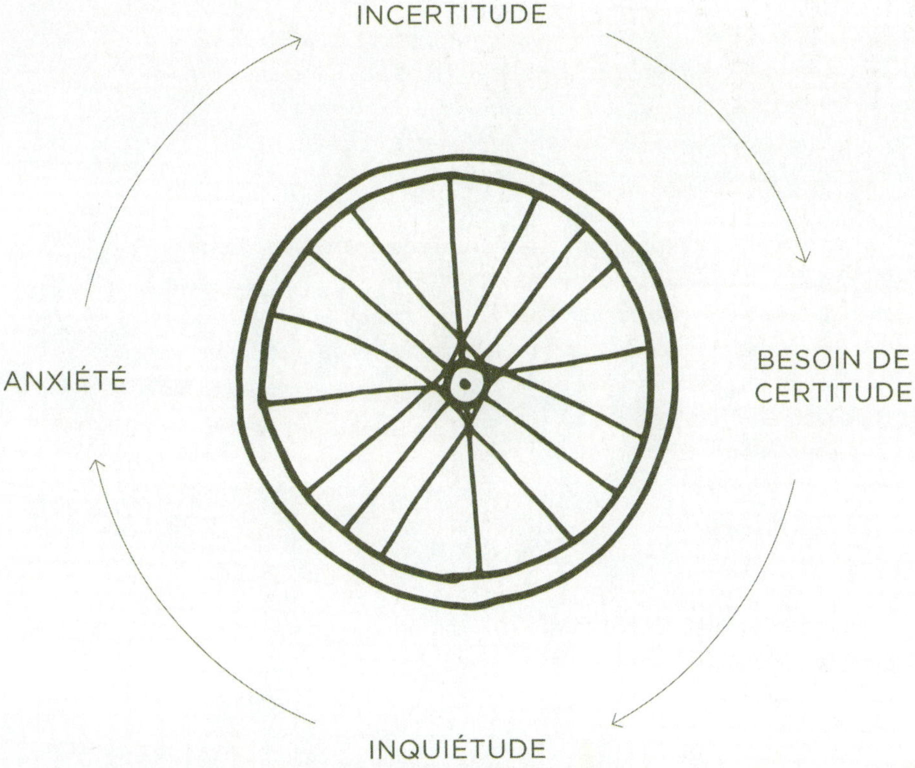

Le début de la pratique médicale peut être un moment très stressant pour un jeune médecin : il se retrouve subitement avec une grande responsabilité quant à la santé, voire la vie, des gens. La transition de médecin-résident à patron est une grande étape, qui nous oblige à faire face à différentes situations auxquelles nous n'avons jamais été exposés pendant nos études.

Lors de mes deux premières années de pratique médicale nordique, je vivais de l'incertitude quotidiennement. Je me souviens m'être fait la réflexion que j'étais dans l'incertitude pendant 90 % de mes journées ! Je voyais chaque jour des choses auxquelles je n'avais jamais été confrontée lors de mon parcours universitaire. Les Inuits ont souvent des manifestations atypiques ou très sévères de maladies fréquentes. Je voyais des pathologies cutanées, des patients aux prises avec des infections que je n'avais jamais traitées pendant mes études – comme la tuberculose – et des traumas que je n'aurais jamais pu imaginer. Comme un jeune garçon ayant reçu une balle de fusil dans la tête et qui respirait encore… et qui a survécu sans séquelles neurologiques !

À des milles de toundra d'un grand hôpital, j'étais constamment dans l'incertitude de ce qui allait se produire jour après jour : « Est-ce qu'on va recevoir un patient polytraumatisé ? Est-ce qu'il y aura un accouchement prématuré ? Est-ce qu'il y aura un autre suicide ? Est-ce que je devrai transférer un patient par avion ? Est-ce que je saurai faire les bons diagnostics et bien prendre les patients en charge ? »

À un certain point, cette incertitude affectait beaucoup ma qualité de vie. Comme j'étais souvent la seule médecin au village, même lorsque je n'étais pas de garde, je me sentais toujours en stand by*, au cas où une catastrophe surviendrait. J'étais toujours dans l'incertitude : incertitude du diagnostic alors qu'il n'y avait aucun test diagnostic disponible sur place le jour même – pas d'examens de laboratoire, pas de radiographie, pas de scan ; incertitude des cas auxquels je ferais face ; incertitude de la météo – est-ce que mon patient gravement malade pourra être sorti du village par avion-ambulance à temps ?*

De l'incertitude, tout le temps.

Il m'a fallu apprendre à accepter l'incertitude, plutôt que d'y résister. Lorsque j'ai fait ce changement intérieur, mes journées se sont adoucies, les inquiétudes et l'anxiété ont diminué, et je me suis sentie beaucoup plus en paix.

EXERCICE

QUESTIONNER SES INQUIÉTUDES

Je vous invite à répondre à ces questions dans votre journal.

En réalité, vos inquiétudes ont-elles permis de rendre les choses plus certaines ou plus prédictibles ?

Le fait de vous inquiéter joue-t-il un rôle sur ce qui se produit et sur ce qui se produira dans l'avenir ? Ou alors la vie restera-t-elle aussi incertaine et imprévisible ?

J'ai compris que le fait de m'inquiéter ne m'aidait pas à rendre mes journées de travail à la clinique plus prévisibles. Après six ans de pratique, je vois de nouveaux cas chaque jour, et quand je crois avoir tout vu, la vie me surprend encore. M'inquiéter ne change pas ce qui va se produire, mais affecte l'état dans lequel je me trouve, provoquant une tension négative. Toutes les journées où je suis de garde à la maison, où je m'occupe à autre chose et où j'accueille chaque appel des infirmières lorsqu'ils se présentent plutôt que de m'inquiéter et de rester sur le qui-vive se passent mieux; mon état mental et émotionnel est plus sain.

En diminuant votre besoin de certitude, vous allez aussi diminuer votre besoin de vous inquiéter! Comment? En défiant votre intolérance face à l'incertitude, et en apprenant à accepter que votre vie en comporte une part.

EXERCICE

POUR CHALLENGER L'INTOLÉRANCE FACE À L'INCERTITUDE

Dans votre journal, répondez aux questions suivantes en étant le plus sincère possible.

- Pouvez-vous être certain d'absolument tout dans la vie?
- Quels sont les avantages d'avoir des certitudes? Votre besoin de certitude vous a-t-il rendu service jusqu'à maintenant?
- Quels sont les désavantages d'avoir des certitudes? Votre besoin de certitude vous a-t-il causé des problèmes jusqu'à maintenant? Lesquels?
- Avez-vous tendance à prédire des malheurs seulement parce que vous êtes incertain quant à votre avenir? Un événement positif ou neutre pourrait-il aussi survenir?
- Existe-t-il certaines incertitudes dans votre vie avec lesquelles vous pouvez vivre? Expliquez. Pouvez-vous gérer de la même façon les situations lors desquelles vous avez de la difficulté à tolérer l'incertitude?

Pour être capable d'accepter
l'incertitude dans votre vie,
vous devez commencer par reconnaître
votre besoin de certitude.
Ensuite, vous pourrez reconnaître
que vous vous servez de
l'inquiétude pour parvenir
à vos fins.

COMMENT ACCEPTER L'INCERTITUDE ?

Étape 1

Reconnaître que vous utilisez l'inquiétude pour rassurer votre besoin de certitude.

↓

Étape 2

Apprendre à laisser aller.

MÉDITER ET REVENIR DANS LE MOMENT PRÉSENT

ÉCRIRE DANS VOTRE JOURNAL

PRENDRE UN TEMPS DE RÉFLEXION

↓

Si votre besoin de certitude revient et que des pensées anxieuses resurgissent dans votre esprit, répéter les mêmes étapes.

MISSIONS DE LA SEMAINE

Faites les exercices de réflexion écrite de la semaine :

- Questionner ses inquiétudes (p. 196)
- Pour challenger l'intolérance face à l'incertitude (p. 199)
- Comment accepter l'incertitude ? (p. 203)

Lorsque vous sentez que c'est nécessaire, revenez aux pratiques de pleine conscience.

Vous avez maintenant un coffre à outils bien rempli pour gérer l'anxiété de façon naturelle. Voici un petit rappel de tout ce qui est accessible, en vous et dans ce livre, que vous pouvez revisiter chaque fois que l'anxiété cogne à votre porte:

Félicitations pour le chemin que vous avez parcouru au cours des sept dernières semaines! Soyez fier de vous! Vous avez découvert beaucoup d'outils, des outils que vous aviez déjà en vous. Si certaines notions demeurent floues, relisez les passages qui s'y rapportent, et refaites les exercices proposés aussi souvent que nécessaire.

Rappelez-vous que bien vivre avec l'anxiété, c'est un peu comme faire du vélo: peu à peu, vous deviendrez un champion dans l'art de monter des côtes, d'apprendre à ralentir et à accélérer et de voyager sur le chemin de la vie, rempli de défis.

Vous rencontrerez certainement de nouveaux stresseurs, qui feront momentanément augmenter votre anxiété; on croise toujours des obstacles sur notre route. Mais avec tous les outils dont vous disposez maintenant, vous aurez de plus en plus de plaisir sur votre vélo, et vous resterez de moins en moins figé à côté de celui-ci. Et surtout, soyez bienveillant envers vous-même si votre anxiété réapparaît, parfois avec force. C'est complètement normal! Revenez alors à tout ce que vous avez appris, avec compassion et amour pour vous-même.

Demeurez à l'affût lorsque vous réalisez que vous faites de l'évitement et que vous utilisez des stratégies non aidantes. Je vous encourage aussi à demander de l'aide rapidement si vous sentez que l'anxiété augmente et que les stratégies apprises ne sont pas suffisantes pour y faire face. N'attendez pas que votre anxiété devienne chronique avant d'agir!

Elle continuera sans doute de vous rendre visite, mais si vous apprenez à la côtoyer sans chercher à l'éviter, elle pourra devenir votre amie (c'est d'ailleurs peut-être déjà le cas).

Je suis honorée de vous avoir guidé dans ce beau voyage, et je vous félicite pour votre persévérance et votre motivation à apprivoiser l'anxiété. Puissiez-vous considérer l'anxiété comme votre amie, et savourer votre vie et le moment présent.

Avec amour!

Sophie ♡

Connectez avec moi !

Si le coeur vous en dit, pour contribuer à normaliser l'anxiété, partagez sur les médias sociaux votre pépite d'or préférée ou votre plus grande prise de conscience avec le mot-clic #anxietesanscomplexe.

Et partagez vos succès avec moi ! Je me réjouis de vous lire. La solution est en vous !

PROGRAMME EN LIGNE :
anxietesanscomplexe.com

sophiemaffolini.com

Dr Sophie Maffolini

@sophiemaffolini

1. Lupien, S. *Par amour du stress*, Sutton, Éditions au Carré, 2010.

2. Lumsden, D.P. « Selye, Hans », *L'encyclopédie canadienne*. https://thecanadianencyclopedia.ca/fr/article/selye-hans

3. Harvard Health Publishing. *Understanding the stress response*, 2011. https://www.health.harvard.edu/staying-healthy/understanding-the-stress-response

4. Peyrot, C. et Bilodeau-Houle, A. « La peur, l'anxiété et le stress... comment pouvons-nous les distinguer? », *Mammouth Magazine – Le magazine officiel du Centre d'études sur le stress humain*, nº 18, 2018. https://www.stresshumain.ca/wp-content/uploads/2018/09/Mammouth-magazine2018-FR-1.pdf

5. *Ibid.*

6. Taren, A.A. et autres « Mindfulness meditation training alters stress-related amygdala resting state functional connectivity: A randomized controlled trial », *Social Cognitive and Affective Neuroscience*, vol. 10, nº 12, 2015, p. 1758-1768.

7. Wurtman, R. « Physiology and available preparations of melatonin », *UpToDate*, 2019. https://www.uptodate.com/contents/physiology-and-available-preparations-of-melatonin

8. American Psychiatric Association. *DSM-5 : manuel diagnostique et statistique des troubles mentaux* (traduit par J.-D. Guelfi et M.-A. Crocq; 5e éd.), Issy-les-Moulineaux, Elsevier Masson, 2015.

ÉTUDES ET ARTICLES

Andrews, G., Sanderson, K., Slade, T. et Issakidis, C. « Why does the burden of disease persist? Relating the burden of anxiety and depression to effectiveness of treatment », *Bulletin of the World Health Organization*, vol. 78, nº 4, 2000, p. 446-454.

Baldwin, D. « Generalized anxiety disorder in adults: Epidemiology, pathogenesis, clinical manifestations, course, assessment, and diagnosis », *UpToDate*, 2017. https://www.uptodate.com/contents/generalized-anxiety-disorder-in-adults-epidemiology-pathogenesis-clinical-manifestations-course-assessment-and-diagnosis

Bonnet, M.H. et Arand, D.L. « Behavioral and pharmacologic therapies for chronic insomnia in adults », *UpToDate*, 2018. https://www.uptodate.com/contents/behavioral-and-pharmacologic-therapies-for-chronic-insomnia-in-adults

Bystritsky, A. « Complementary and alternative treatments for anxiety symptoms and disorders: Physical, cognitive, and spiritual interventions », *UpToDate*, 2018. https://www.uptodate.com/contents/complementary-and-alternative-treatments-for-anxiety-symptoms-and-disorders-physical-cognitive-and-spiritual-interventions

Bystritsky, A., Khalsa, S.S., Cameron, M.E. et Schiffman, J. « Current diagnosis and treatment of anxiety disorders », *Pharmacy and Therapeutics*, vol. 38, nº 1, 2013, p. 30-57.

Centre d'études sur le stress humain (CESH). www.stresshumain.ca

Centre for Clinical Interventions. *Generalised Anxiety and Worry*, 2019. https://www.cci.health.wa.gov.au/Resources/For-Clinicians/Generalised-Anxiety-and-Worry

Le cerveau à tous les niveaux. *L'amygdale et ses alliés*. http://lecerveau.mcgill.ca/flash/d/d_04/d_04_cr/d_04_cr_peu/d_04_cr_peu.html

Chaloult, L., Goulet, J. et Ngô, T.-L. *Guide de pratique pour l'évaluation et le traitement cognitivo-comportemental du trouble anxiété sociale (TAS) (phobie sociale)*, Cité de la Santé de Laval, Polyclinique médicale Concorde, Hôpital du Sacré-Cœur de Montréal, 2014. https://tccmontreal.files.wordpress.com/2014/03/guide-de-pratique-tas.pdf

Craske, M. et Bystritsky, A. « Approach to treating generalized anxiety disorder in adults », *UpToDate*, 2017. https://www.uptodate.com/contents/approach-to-treating-generalized-anxiety-disorder-in-adults

Craske, M. « Psychotherapy for generalized anxiety disorder in adults », *UpToDate*, 2018. https://www.uptodate.com/contents/psychotherapy-for-generalized-anxiety-disorder-in-adults

Goulet, J., Chaloult, L. et Ngô, T.-L. *Guide de pratique pour l'évaluation et le traitement cognitivo-comportemental du trouble panique avec ou sans agoraphobie (TPA)*, Cité de la Santé de Laval, Polyclinique médicale Concorde, Hôpital du Sacré-Cœur de Montréal, 2013. https://tccmontreal.files.wordpress.com/2014/01/guide-de-pratique-tpa-final-5-dc3a9c-13.pdf

Hayes, M. et Roberge, P. « Détecter anxiété et dépression pour le mieux-être des personnes », *Le Médecin du Québec*, vol. 50, nº 5, mai 2015.

Hoge, E.A. et autres « Randomized controlled trial of mindfulness meditation for generalized anxiety disorder: Effects on anxiety and stress reactivity », *The Journal of Clinical Psychiatry*, vol. 74, nº 8, 2013, p. 786-792.

Institut universitaire en santé mentale de Montréal. *État de stress post-traumatique (ESPT).*

Institut universitaire en santé mentale Douglas. *Stress : causes et conséquences*, 2014. http://www.douglas.qc.ca/info/stress

Katzman, M.A. et autres « Canadian clinical practice guidelines for the management of anxiety, posttraumatic stress and obsessive-compulsive disorders », *BMC Psychiatry*, vol. 14, suppl. 1, 2014.

Kiran, A.A., Kaur, D. et Ghay, R. « Impact of meditation on autonomic nervous system – a research study », *International Journal of Basic and Applied Medical Sciences*, vol. 1, nº 1, 2011, p. 144-148.

Kohn, R., Saxena, S., Levav, I. et Saraceno, B. « The treatment gap in mental healthcare », *Bulletin of the World Health Organization*, vol. 82, nº 11, 2004, p. 811-890.

Lebel, G. *Guide d'autosoins pour la gestion du stress*, Institut universitaire en santé mentale Douglas, 2013.
http://www.douglas.qc.ca/publications/153/file_fr/guideautosoinstressjuin2013fr.pdf

Leung, M.K., Lau, W.K. W., Chan, C.C.H., Wong, S.S.Y., Fung, A.L.C. et Lee, T.M.C. « Meditation-induced neuroplastic changes in amygdala activity during negative affective processing », *Social Neuroscience*, vol. 13, nº 3, 2018, p. 277-288.

Moore, K.L. et Dalley, A.F. *Clinically Oriented Anatomy* (5ᵉ éd.), Philadelphie, Lippincott Williams & Wilkins, 2006.

Organisation mondiale de la santé. *Les investissements dans le traitement de la dépression et de l'anxiété rapportent quatre fois leur valeur* [communiqué de presse], 2016.
http://www.who.int/fr/news-room/detail/13-04-2016-investing-in-treatment-for-depression-and-anxiety-leads-to-fourfold-return

Temple de la renommée médicale canadienne. *Hans Selye, MD PhD*, 2006.
http://www.cdnmedhall.org/inductees/hansselye

Winkelman, J.W. « Overview of the treatment of insomnia in adults », *UpToDate*, 2018.
https://www.uptodate.com/contents/overview-of-the-treatment-of-insomnia-in-adults

Zeidan, F., Martucci, K.T., Kraft, R.A., McHaffie, J.G. et Coghill, R.C. « Neural correlates of mindfulness meditation-related anxiety relief », *Social Cognitive and Affective Neuroscience*, vol. 9, nº 6, 2014. p. 751-759.

OUVRAGES DE RÉFÉRENCE

Boulenger, J.-P. et Lépine, J.-P. *Les troubles anxieux*, Cachan, Lavoisier, 2014.

Kabat-Zinn, J. *Au cœur de la tourmente, la pleine conscience*, Bruxelles, De Boeck, 2009.

Kumar, V., Abbas, A.K. et Fausto, N. *Pathologic basis of disease* (7ᵉ éd.), Philadelphie, W.B. Saunders Company, 2004.

Lalonde, P., Aubut, J. et Grunberg, F. *Psychiatrie clinique – Une approche bio-psycho-sociale, tome 1 : Introduction et syndromes cliniques*, Montréal, Gaëtan Morin, 1999.

Maffolini, S. *Méditer sans complexe*, Montréal, Éditions Cardinal, 2018.

Marieb, E.N. et Hoehn, K. *Anatomie et physiologie humaines* (5ᵉ éd.), Montréal, ERPI, 2015.

Millstine, D., « Méditation » *Le manuel Merck.*
https://www.merckmanuals.com/fr-ca/professional/sujets-sp%C3%A9ciaux/m%C3%A9decines-compl%C3%A9mentaires-et-alternatives/m%C3%A9ditation

O'Hare, D. *Cohérence cardiaque 365*, Vergèze, Thierry Souccar Éditions, 2012.

Tolle, E. *Le pouvoir du moment présent : guide d'éveil spirituel*, Outremont, Éditions Ariane, 2000.

COURS ET FORMATIONS SUIVIS

Griffin, J. Understanding anxiety – and managing it without drugs, Human Givens College.
https://www.humangivens.com/college/understanding-anxiety/

Miller, D. Mind Mastery Hypnosis Practitioner, formation faite en octobre 2019.

Miller, D. Coaching d'hypnose de 2017 à 2020.

REMERCIEMENTS

Ce livre n'aurait pas vu le jour sans mon mari Felix qui, un jour du mois de septembre 2019, est parti en mission pour faire imprimer le guide de mon programme en ligne *L'anxiété sans complexe*. Alors en pleine création de ma formation professorale de pleine conscience, je n'avais pu remettre mon manuscrit à mes éditeurs d'amour. Je venais d'ailleurs de leur dire qu'il nous fallait reporter la parution du livre. À son retour à la maison ce jour-là, Felix m'a tendu une brique, que j'ai tenue longtemps devant moi. « On dirait un livre ! » Merci, Felix, pour ton soutien quotidien, pour ta grandeur d'âme, tu es mon bouddha pour la vie.

J'ai alors appelé Emilie Villeneuve, mon éditrice qui a cru en moi dès le premier jour. « Est-ce qu'on pourrait se voir finalement ? » Assise à une table du café Chez L'Éditeur, je lui ai tendu le document que Felix avait fait relier. Merci, Emilie, d'avoir su voir dans ces pages le livre que l'on tient aujourd'hui entre nos mains. « Ce sera ton premier livre sur l'anxiété ! » m'as-tu dit.

Merci à toute l'équipe des Éditions Cardinal, qui a matérialisé un livre au-delà de tout ce que j'avais pu imaginer. Je sais de quoi vous êtes partis, et je n'avais jamais imaginé qu'on arriverait à un résultat aussi beau : un livre réfléchi, doux, qui fait du bien, qui respire la liberté de celles qui l'ont créé et qui ont compris par leur expérience personnelle ce que c'est de vivre de l'anxiété et de s'en libérer.

J'ai été touchée de voir se rassembler autour de ce projet des personnes ayant vécu elles-mêmes de l'anxiété et de voir leur talent contribuer au bien-être de tant d'humains.

Merci à Joëlle Landry, tu es une perle et tu as travaillé tellement fort ! Tu as suivi mes épopées d'achat d'église qui passaient avant tout, même le manuscrit. Tu as été patiente, toujours présente et à l'écoute. Merci pour ta douceur, ta rigueur. Merci d'avoir su conserver la légèreté que je souhaitais transmettre à travers l'ouvrage.

Merci à Catherine Guilbault pour le magnifique travail graphique. Ton ressenti, ton empathie se sentent dans chaque page. Moi-même je ne voyais pas ce livre dans ma tête, mais toi, tu as créé un chef-d'œuvre qui fait du bien à l'âme.

Merci à Antoine Ross Trempe, pour ta confiance une fois de plus et ta vision qui contribue à répandre la bonne nouvelle au plus grand nombre. Je suis honorée d'être publiée par la meilleure maison d'édition au monde !

Merci à maman, pour ton soutien constant au cours des dernières années (et de toute ma vie !). Je suis toujours touchée de te voir accueillir l'anxiété, quand je pars au loin ; de te voir retenir tes paroles inquiètes et respirer. Ton partage de la méditation avec les petits pour les aider avec l'anxiété leur donne un bagage incroyable pour la vie. Je t'aime.

Merci à ma *nonna*, la personne la plus gentille que j'aie connue. Je te revois, assise devant la fenêtre à regarder dehors tout l'après-midi. Je sais aujourd'hui que l'anxiété que tu vivais était entretenue parce que tu pensais qu'elle nous protégeait. Merci d'avoir toujours été là pour nous.

À grand-maman, merci de croire en moi et mes folies. « Bon, elle est rendue prêtre dans une église ! » Je t'aime tant. Entre Béliers, on se comprend. Merci de me pousser à utiliser mon cerveau jusqu'au dernier jour de ma vie.

Merci à mon *nonno*, qui a écrit les mémoires de sa vie, et à mon oncle Gabriel, qui les a traduites. C'est à Rio, un matin que je n'oublierai jamais et que j'avais pris juste pour moi, que je suis retombée sur ce manuscrit, que je trainais du Grand Nord au Brésil depuis un an. Quand j'ai lu tout le courage que tu as eu, à voler du sucre dans un camp de concentration allemand pour survivre lors de la Deuxième Guerre mondiale, j'ai compris que je ne pouvais plus laisser la peur m'empêcher de faire quoi que ce soit. « Il fallait y aller sans peur. C'était ça ou mourir. »

Merci à toi, papa, qui m'as fait comprendre à 15 ans que j'avais besoin d'aide. Je sais qu'à ce moment, ta douleur de me voir ainsi était grande. Sache que cette soirée où tu m'as donné un ultimatum a contribué à ma guérison et a forgé ma croyance profonde au potentiel de guérison que nous avons en nous. Je t'aime.

À mon frère Gabriel, merci pour cet appel, alors que j'étais sur un chemin de campagne des Cantons-de-l'Est, à regarder les vaches Highlander. C'était un moment inattendu : celui où tu m'apprenais que tu avais suivi, pendant 28 jours consécutifs, le programme de *Méditer sans complexe*. Et que ça t'avait aidé profondément. Je t'aime et je suis fière de toi.

À Gilles et Fabie, pour toutes les fois où vous avez accueilli mes crises anxieuses avec la bienveillance qui vous caractérise.

Merci à toute ma famille, qui m'apprend, me soutient et m'a offert un héritage plus grand que la génétique : celui de la force, de la résilience face à la maladie et aux différents défis de la vie.

Merci à Amélie Veilleux, pédopsychiatre qui a généreusement accepté de relire ce livre pour en valider le contenu scientifique. J'ai beaucoup appris à tes côtés, merci pour ta lumière qui fait une différence dans la vie de tant de petits humains. Tu es la seule pédopsychiatre que je connaisse qui a la mention d'honneur de « docteure qui aide à respirer ».

Merci à Aryanne Harel pour ton soutien quotidien lors des dernières années. Je suis heureuse d'avoir fait ce chemin avec toi et d'avoir appris et grandi à tes côtés.

Merci à Darren Miller pour les enseignements d'hypnose qui m'aident à avancer et à comprendre le fonctionnement de notre subconscient.

Marie-Ève Lévesque, merci pour la douceur de tes photos. Celles que tu as prises au milieu des pommiers ont réussi à créer l'image de couverture que je voulais !

Kathy Vallée, merci de ta présence dans nos vies et de ta douceur. Merci de faire ressortir la beauté tout en la gardant authentique.

Merci à Joël Dumas, magicien des temps modernes, qui m'inspire à vivre chaque jour avec spontanéité et qui m'a offert un lieu magique au-delà des mots où poursuivre ma mission et contribuer à la santé, différemment. J'avais demandé à l'Univers une église pour faire un temple. Notre rencontre est une synchrodestinée qui m'a apporté tout ce que j'avais demandé et m'a fait comprendre qu'il existe un lien invisible, au-delà de la matière.

Merci à Lucie Bergeron et Anne-Renée Pelchat pour ce temps magique à l'église et votre regard sur la couverture qui m'a invitée à suivre mon intuition, pour arriver au résultat à la fois doux et fort que nous avons aujourd'hui !

Merci à mes patients du Grand Nord auprès de qui j'ai tant appris. Être témoin de vos souffrances mais aussi de votre immense résilience a été une inspiration constante dans les six dernières années. Mon passage en vos terres, où vous m'avez toujours accueillie avec de grands *Welcome home* m'a beaucoup appris et m'apprend encore. Vous m'apprenez l'humilité et je comprends aujourd'hui tous vos rendez-vous manqués, au profit de journées dans le *land* avec les caribous et les oies sauvages. Vous avez compris que la nature est thérapie.

Merci à tous mes collègues médecins qui partagent une vision commune de la santé et qui travaillent à redonner aux humains leur pouvoir de guérison. C'est un honneur de pratiquer une médecine humaine avec vous.

Merci à toutes les personnes qui contribuent quotidiennement à la santé mentale et celles qui ont créé les outils mentionnés dans les ressources de ce livre, notamment D^re^ Sonia Lupien, qui fait avancer les recherches sur le stress.

Merci au Collège des médecins du Québec, pour son écoute, son ouverture et son soutien face à mon travail et à une pratique différente et innovatrice de la médecine. Je suis honorée de pouvoir offrir des services professionnels qui amènent les humains à développer leurs propres outils intérieurs de guérison.

Merci à tous les Mindful Mafiosi et les participants de mon programme en ligne *L'anxiété sans complexe*, grâce à qui j'ai beaucoup appris sur l'anxiété et compris à quel point c'était primordial d'en parler, pour qu'on puisse enfin développer une relation amicale envers elle. Merci d'être des preuves vivantes que nous avons en nous des ressources inexplorées et qu'en revenant en soi, nous arrivons à atterrir dans un espace de paix. Merci du fond du cœur pour votre soutien et votre présence au cours des dernières années. Vous êtes ma *famiglia*.

Et finalement, et le plus important, merci à vous qui lisez ces lignes. Vous êtes la motivation qui m'inspire à continuer sur un chemin peu fréquenté. La raison pour laquelle je me lève chaque matin pour créer des outils qui font du bien et qui ramènent l'humain vers soi, où se cachent les réponses… et la paix. La paix commence par vous.

Namasté.